Die Weine aus Sizilien und Sardinien

FALKEN Vinum

Vinoteca

Rolf Kriesi

Die Weine aus Sizilien und Sardinien

Der sizilianische Aufbruch

Lange, allzu lange dienten unsere warmen, herzhaften Weine der Aufbesserung von berühmteren Gewächsen aus nördlichen, klimatisch weniger begünstigten Regionen – waren sozusagen ihre Steigbügelhalter. Sie schenkten diesen Weinen ihre Farbe, ihre Fülle, ihre Kraft. Nun aber ist die Zeit gekommen, unsere eigene, verloren gegangene Identität wieder zu finden.

Es ist der Stolz, Sizilianer zu sein, der uns an das glauben lässt, was wir momentan zu schaffen im Begriff sind: Mit modernen Weinen aus antiken Rebsorten den Geschmack, die Düfte und Aromen des Mittelmeers und damit die Identität unserer Insel in alle Winde zu tragen. Unsere uralten Traditionen und unsere lebendig gebliebene Philosophie der Antike werden uns dabei zugute kommen. Unsere Herausforderung heißt »Sizilien«, so wie sie für Sardinien »Sardinien« heißen muss.

Dott. Leonardo Agueci,
Präsident Regione Siciliana
Istituto Regionale della Vite e del Vino

Die italienischen Weininseln

Sizilien und Sardinien stehen für beides: die Schönheit selbst – und die Hässlichkeit zugleich. Wo die Menschen der Moderne eingegriffen haben, scheußlich verschandelt, wo die Natur noch intakt ist, paradiesisch. Ebenso gegensätzlich sind die Weine: Aus einem Meer anonymer Massenproduktion tauchen immer mehr Spitzengewächse auf.

Wein und Seefahrt bildeten für Sizilien eine Einheit: Die antike griechische Trinkschale ist das Wahrzeichen der Accademia del Marsala. Die Weinfirma Florio unterhielt eine eigene Hochseeflotte, zu der auch Dampfsegler gehörten.

Links: Castiglione, unterhalb des Ätna; auf Lavasand und -gestein gedeihen besondere Weiß-, Rot- und Roséweine.

Reben gab es auf Sizilien schon immer, Millionen Jahre, bevor der Mensch auf der Insel erschien. Versteinerte Samenfunde aus dem Tertiär sind der Beweis dafür: Hier hat Europas Weingeschichte ihre ersten Wurzeln.

Eine erste Wein-Hochkultur entfaltete sich unter den Griechen zwischen dem 8. und 3. Jahrhundert vor Christus. Die Eroberer brachten Traubensorten, wie die weiße Grecanico und das Kultursystem des Alberello, der geduckten Buschreben, die auf der Insel heute noch verbreitet sind. Selbst die edle Bordeaux-Sorte Cabernet Sauvignon hat auf ihrem Weg von Mesopotamien nach Europa hier ihre Spuren hinterlassen, wenn sie nicht gar aus Sizilien stammt.

Das Bordeaux der Antike

Die gesamte Südküste von Agrigento bis nach Catania und Messina war gewissermaßen das Bordeaux der Antike. Die Weinherrlichkeit im Osten der Insel dauerte bis in unsere Zeit. Ganze Schiffe voller Wein verließen noch vor wenigen Jahrzehnten die sizilianischen Häfen, bestimmt zur Verstärkung schwachbrüstiger Gewächse in Frankreich und Norditalien.

Als das Geschäft mit den so genannten Verschnittweinen zusammenbrach, verlegte sich der Weinbau in den »wilden Westen« der Insel, ins Stammland der Mafia, in die Provinzen Palermo und Trapani. Aber auch diese Gewächse erschienen zum größten Teil nie auf dem Markt, sondern endeten in den Destillerien als subventionierter Industrie-Alkohol. Es muss ein lukratives Geschäft gewesen sein und erst recht ein bequemes, das ohne Management und Marketing auskam, denn zwischen 1970 und 1990 nahm die Rebfläche Siziliens um ein Viertel auf die heutigen 200 000 Hektar zu. Brüssel versuchte dann, der Überproduktion einen Riegel vorzuschieben und im Rahmen des EU-Programms wurden ungefähr 8000 Hektar wieder gerodet, was allerdings nicht zwangsläufig zu einer Abnahme der Gesamtfläche führte, weil nicht bekannt ist, wie viele Kulturen gleichzeitig neu angelegt worden sind.

Die Renaissance eines Mythos

Sizilien produziert bis zu einem Sechstel aller italienischen Trauben. Das gibt in guten Jahren über 10 Millionen Hektoliter Wein, etwa gleich viel wie in Deutschland erzeugt wird. Wäre Sizilien ein eigenes Land, stünde es immerhin an siebter Stelle der Weltweinproduktion.

Über 90 Prozent der Trauben werden in Konsortien und Kooperativen verarbeitet, von denen es auf der ganzen Insel an die hundert gibt. Überall zwischen den Reben stehen große Tanks, die sich bei näherem Hinsehen oft als recht verkommen und verrostet erweisen. Kein Wunder: Viele dieser Genossenschaften sind tief verschuldet und stehen nicht selten vor dem Konkurs. Was nicht gebrannt wird, verkauft sich größtenteils als billiger Fasswein oder abgefüllt in Kartonpackungen. Alles, was auf Flaschen gezogen wird, gehört schon zur obersten Spitze.

Weingeschichte Siziliens

8. Jh. v. Chr.: Griechen führen den Weinbau ein.
5. Jh. v. Chr.: Blühende Weingärten in Agrigento.
241 v. Chr.: Die Römer erobern Sizilien. In der Folge wechselt die Herrschaft laufend.
ab 14. Jh.: Erste Weinexporte.
1773: Anfänge des Likörweins Marsala.
1861: Sizilien wird italienisch.
1946: Autonomie innerhalb Italiens.
ab 1960: Sizilien wird zum großen Verschnittweinlieferanten.
ab 1980: Krise des Weinabsatzes, auch für Marsala.

Weingeschichte Sardiniens

13. Jh. v. Chr.: Sardinien und seine Bewohner, die Nurager, werden in ägyptischen Quellen erwähnt.
238 v. Chr.: Die Römer erobern Sardinien.
1297: Sardinien wird spanisch (Königreich Aragón).
1713: Österreich übernimmt die Herrschaft.
1726: Im Tausch gegen Sizilien geht Sardinien an Savoyen.
1861: Sardinien wird italienisch.
1980: Höchststand der Rebfläche mit 70 000 ha.

Ein einziger Wein hat seit der Antike eine eigene sizilianische Identität aufbauen können – dank den Engländern. 1773 belud ein Kaufmann aus Liverpool, John Woodhouse, seine Brigg mit 70 Fässern Wein aus Marsala, den er, um ihn haltbarer zu machen, mit Branntwein verstärkt hatte. Damit machte er in seiner Heimat das große Geschäft. Der Marsala war erfunden.

John Woodhouse erfand 1773 den Marsala.

Ein anderer Engländer, Benjamin Ingham, baute dafür die erste Fabrik und industrialisierte die Herstellung der süßen Kreszenz. Einen großen Namen aber machte sich der Sizilianer Vincenzo Florio, der mit seinem Marsala eine Weltmarke schuf. Wie alle anderen Likörweine fiel auch der Marsala in unserer schnelllebigen Zeit in Ungnade – war schon totgesagt – und regt sich nun plötzlich wieder.

Sardiniens spanische Weine

Sardinien ist im Vergleich zu Sizilien ein Weinzwerg. Die Insel stand immer im Abseits. Sie lag schon außerhalb des Einflussbereichs der Griechen und die Rebe wurde lange nur für häusliche Weinerzeugung kultiviert. In den Rebbergen machen sich lange Jahrhunderte spanischer Herrschaft bei den Sorten bemerkbar – die meisten sind spanischen Ursprungs.

Wie in Sizilien veränderte sich die Weinlandschaft Sardiniens in den Nachkriegsjahren komplett. Großzügige Förderung und Subventionen aus Rom lösten auf der Insel einen wahren Weinbau-Boom aus, der Traum vom großen Erfolg zerplatzte aber bald wie eine Seifenblase. Die Rebfläche nahm rasant auf stolze 70 000 Hektar zu, schrumpfte aber – als sich die Trauben nicht kostendeckend verkaufen ließen – ebenso schnell wieder auf die Hälfte zusammen.

Steckbrief der Weinwirtschaft

Sizilien
Rebfläche: 200 000 ha
Weintrauben: 179 000 ha (89 %)
Tafeltrauben, Rosinen: 21 000 ha (11 %)
Weinproduktion: 10 Mio. hl pro Jahr
Anteil an der italienischen Produktion bis zu 15 %
Wichtigste Weine:
Marsala
Corvo/IGT Sicilia

Sardinien
Rebfläche: 40 000 ha
Weinproduktion: 1 Mio. hl pro Jahr
Anteil an der italienischen Produktion: ca. 2 %
Wichtigste Weine:
Cannonau
Vermentino

Weinbau hat in Sizilien eine lange Tradition. Marsala steht sowohl für einen alkoholverstärkten Wein wie für eine Hafenstadt, deren Name arabischen Ursprungs ist. Abbildung nach einem Gemälde aus dem 17. Jahrhundert.

Neue alte Düfte und Aromen aus dem Süden

Seit das Geschäft mit der Masse zusammengebrochen ist, kommt plötzlich etwas Klasse in die insularen Rebberge, und zwar aus zweierlei Gründen: Da ist zum einen der Erfolg der italienischen Weine auf den Märkten der Welt und zum anderen sind da die guten Geschäfte, die sich mit den Renommiergewächsen aus der Toskana, dem Piemont und zunehmend auch aus dem Veneto machen lassen.

Um diese Weine reißt sich die ganze Welt und da sie nur sehr beschränkt verfügbar sind, sehen sich die italienischen Exporteure nach Anbaugebieten um, in denen sie neue, gute Weine zu interessanten Preisen finden oder produzieren können. Der Süden bietet sich an. Große italienische Weinhäuser investieren zur Zeit hauptsächlich in Sizilien in neue Weinbauprojekte. Das Positivste daran ist nicht so sehr das Kapital, das vom Norden in den Süden des Landes fließt, sondern der Transfer von Know-how.

Neu ist das nicht. Die klügsten Köpfe und weitsichtigsten Produzenten Siziliens und Sardiniens hatten schon immer die besten Fachleute des Nordens hinzugezogen. Giacomo Tachis, der wohl verdienteste unter Italiens Önologen, hat in Sizilien viel bewirkt. Er versichert jedem, der ihn danach fragt, die Zukunft der hochklassigen italienischen Weine liege hier, unter der südlichen Sonne.

Der zweite Grund für dieses neue Interesse an den alten mediterranen Zonen freut die Weinfreunde ganz besonders. Viele unter ihnen – von Natur aus wählerisch – sind nämlich der standardisierten, nivellierten, so genannten internationalen Weine aus den Modesorten Chardonnay, Sauvignon blanc, Cabernet Sau-

Vincenzo Florio verhalf dem Marsala zum Weltruhm.

vignon oder Merlot, die heute rund um den Erdball grassieren, zunehmend überdrüssig. Sie suchen neue Geschmackserlebnisse, neue Düfte und Aromen. Und dafür sind die Inseln Paradiese. So entdeckt man nun wieder die Qualitäten der antiken mediterranen Sorten. Namhafte Wissenschaftler nehmen sich ihrer Entwicklung an. Der führende Agronom und Rebsorten-Archäologe Professor Attilio Scienza aus Mailand ist jedenfalls überzeugt: »Je mehr sich die internationalen Sorten in der neuen Welt verbreiten, desto mehr wird sich der Konsument wieder den Weinen aus alten Kulturen zuwenden.«

Lebendige Tradition: ein prächtig aufgezäumter Rappe im Fasskeller von Florio.

Die Zukunft hat erst begonnen

Bewegung in die Rebgärten vor allem Siziliens bringen aber auch junge Leute, die vom »Virus Wein« befallen sind und die der Ehrgeiz gepackt hat, zu zeigen, welch köstliche Tropfen sich aus den Terroirs und Trauben des Südens keltern lassen. Plötzlich tauchen auf den Inseln frische Talente aus dem anonymen Weinmeer auf. Oft sind es Töchter und Söhne von Massenweinerzeugern oder Trauben-Großproduzenten, die sich gegenüber ihren Vätern profilieren wollen. Es sind nicht die Kinder armer Leute, denn auch im Mezzogiorno, im Süden Italiens, geht nichts ohne Geld. Sie haben eine gute Ausbildung genossen, haben an Schulen und Universitäten des Nordens studiert, sind belesen und weit gereist.

Für diese neue weltoffene Generation ist Profit und Geld nicht das einzige Ziel. Diese Jungen wollen sich selber behaupten und sich in ihrer Passion verwirklichen. Mit ihnen hat die Zukunft der sizilianischen und sardischen Weine erst begonnen. Sie verspricht uns preiswerte, herzhafte, ehrliche Tischweine, aber auch interessante Spitzengewächse.

Der Weg zum Wein Ihrer Wünsche

Dieses Kapitel zeigt Schritt für Schritt wie Sie sich den Weinen Siziliens und Sardiniens annähern können, wie Sie bei der Wahl vorgehen und welche Kriterien Sie beim Einkauf berücksichtigen sollten, damit sich Ihre Wünsche und Vorstellungen mit dem Wein Ihrer Wahl decken.

Wer etwas finden will, muss wissen, was er sucht. Das ist eine banale Weisheit – aber doch so treffend! Auf Wein bezogen heißt das: lernen, was die Qualität ausmacht, seinen eigenen Geschmack ergründen, seine Vorlieben bestimmen und seine Bedürfnisse erkennen. Wer die Sache beim Kauf der Inselweine richtig angeht, wer sich den Überblick im Labyrinth des verworrenen Angebots verschafft, der wird kaum in die Irre gehen. Er wird für jeden Geschmack und jede Gelegenheit einen trefflichen Wein finden.

Die Summe der vier Faktoren ergibt die Weinqualität

Rebsorte
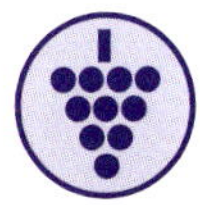

Terroir

Winzer

Jahrgang

Weinqualität ★

Was die Güte eines Weins bestimmt

Grundsätzlich sind es vier Faktoren, die den Typ und die Güte eines Weines bestimmen:

1. die Rebsorte und deren Trauben,
2. das Klima und der Boden, die in der Weinsprache mit dem Begriff »Terroir« bezeichnet werden,
3. das Können von Winzern und Weinmachern,
4. die Eigenheiten eines Jahrgangs.

Alles in allem aber ist es zum guten Ende das Zusammenwirken all dieser Elemente.

Die nebenstehenden Symbole werden Sie durch diesen Band und die ganze Buchreihe Vinoteca führen. Über die Qualität der Weine informiert die Anzahl Sterne von ★ bis ★★★★★.

Links: Der sizilianische Klassiker heißt Marsala. Im Kommen sind aber auch frische, fruchtige Weißweine.

Vier Fragen leiten die Weinwahl

Um »Ihren« Wein zu finden, sollten Sie Ihre Wünsche und Erwartungen nach folgenden Kriterien prüfen:

Welches sind meine Vorlieben? Rot 🍷 oder weiß 🍸? Sanft oder herb? Leicht oder schwer? Subtil oder wuchtig?

Ist der Wein zum sofortigen Trinken oder zum Lagern bestimmt?

Zu welcher kulinarischen Gelegenheit soll er passen? Zum einfachen kalten Imbiss, zu alltäglichen Gerichten oder zum Festmahl?

Die Preisklasse ❶ – ❺: Was ist mir der Wein wert?

Welche Antworten wir Ihnen geben, zeigen die vier Porträts typischer sizilianischer und sardischer Weine. Ab S. 33 leiten unsere Symbole Sie durch alle Weintypen Siziliens und Sardiniens.

Die Vielfalt der Inselweine

Der Marsala (links im Bild) ❷ – ❸ ist der einzige traditionelle Wein Siziliens, der es zu Weltruf gebracht hat – aber der ist zur Zeit etwas verblichen. Doch es ist bereits eine Renaissance dieses sizilianischen Mythos im Gange. Gleichzeitig kommt von beiden Inseln, aus dem Meer von anonymen Massenweinen, viel interessante Flaschenpost. Weine aus fast vergessenen, einheimischen Sorten bereichern das Angebot. Eine neue Generation von ehrgeizigen Weinerzeugern ist daran, das Zepter in die Hand zu nehmen. Genussreiche Entdeckungen sind in Sicht. Und das Schöne dabei: Selbst die Spitzenweine sind erfreulich preiswert.

Warme, herzhafte Weine aus dem Mittelmeer: neue Düfte und Aromen aus antiken Trauben.
Diese vier Flaschen repräsentieren die Bandbreite der sizilianischen und sardischen Vielfalt. Links der traditionelle Marsala, die Seele Siziliens, unten eine Auswahl von erlesenen Weinen der neuen Generation.

Beispiel sizilianischer Trinkweine:
Corvo, bianco, rosato oder rosso.
Sie schmecken zu einfachen Alltagsgerichten.
Mehr dazu: S. 40f.

❶ ab DM 8,– / € 4,–

Ein authentisches, sardisches Gewächs:
Cannonau, ein kräftiger Rotwein.
Ein vielfältiger Begleiter – von Pasta bis zum Sonntagsbraten.
Mehr dazu: S. 46f.

❷ ab DM 12,– / € 6,–

Beispiel eines neuen Spitzenweins:
Rosso del Conte, der Paradewein von Regaleali.
Er ist jedes Gala-Diners würdig.
Mehr dazu: S. 40f.

❷ – ❸ ab DM 20,–/ € 10,–

Die weißen und roten Trauben Siziliens

Aus antiken Zeiten ist den Rebgärten der großen Insel eine reiche Sortenvielfalt geblieben. Leider ließ man diese alten mediterranen Reben verkümmern, sodass sie jetzt erst wieder aufgepäppelt werden müssen, damit sie ihre Vorzüge offenbaren können.

Drei Viertel weiß, ein Viertel rot

Die Weinproduktion Siziliens ist zu über 75 Prozent weiß. Die wegen ihres reichen Ertrags weitaus wichtigste Sorte ist Catarratto. Sie besetzt die Hälfte der Anbaufläche und ergibt einen frischen, etwas neutralen Weißwein. Ebenfalls aufgrund ihrer Ergiebigkeit ist vor wenigen Jahrzehnten die aus der Toskana stammende Sorte Trebbiano, ein schlichtes Gewächs, auf 15 Prozent der Rebfläche angesiedelt worden.

Die weiße einheimische Sorte Grillo ist die klassische Traube für Marsala.

Von einiger Bedeutung und vor allem von größerem Interesse sind aber drei einheimische Sorten, die süße, aromatische, goldgelbe Inzolia (6 %), Grillo (3 %), die klassische Traube des Marsala, und die antike Grecanico-Rebe (2 %), die delikate, elegante und harmonische Weine ergibt.

Bei den roten Sorten liegt die Nero d'Avola, auch Calabrese genannt, mit 14 Prozent vorn, gefolgt von Nerello Mascalese mit 8 Prozent. Alle anderen Sorten belegen weniger als 1 Prozent.

Nero d'Avola ist der Hoffnungsträger unter den Rotweinsorten Siziliens. Die Möglichkeiten dieser Sorte werden von den Fachleuten übereinstimmend hoch eingeschätzt. Lange Zeit führte sie ein Aschenputtel-Dasein in Verschnittwein, der seine dichte Farbe, seine üppige Fruchtigkeit und seine Kraft anderen, berühmteren Gewächsen schenkte. Seit man ihre großen Möglichkeiten für Siziliens Weinbau als eigenständige Sorte erkannt hat, wird sie mit mehr Sorgfalt kultiviert. Bei meisterhafter Kelterung entstehen tiefgründige, körperreiche, samtige Weine von dichter Struktur. Ein Ausbau in Holzfässern, auch in kleinen Eichenbarriques, kann sie noch veredeln und langer Haltbarkeit förderlich sein.

Nero d'Avola ist die einheimische Rotweintraube, die in Sizilien am meisten verspricht. Sie ergibt kräftige Weine, die sich für den Ausbau im Holzfass eignen.

Nerello ist die rote Traube des Ätna. Sie wird heute aber auf der ganzen Insel auf insgesamt 18 000 Hektar angebaut. Sie ergibt helle, einfache, ehrliche, manchmal etwas rustikale Weine, die bei niedrigem Ertrag recht fein ausfallen können und viel Gerbstoff enthalten. Oft wird ihnen etwas Nero d'Avola beigemischt, was sie geschmeidiger und eleganter macht. Sortenrein kommt Nerello selten auf die Flasche, besticht dann aber durch Würznoten und reife Fruchtigkeit.

Frappato heißt eine fruchtige, süße Traube mit rassiger Säure, die in manchen Gegenden im südöstlichen Sizilien vorkommt. Sie ist enthalten im DOC Cerasuolo di Vittoria (S. 42f.) und ist die Grundlage bukettreicher, angenehmer und zeitgemäßer Tropfen.

Perricone (auch Pignatello genannt) ist eine nur im Hinterland von Palermo bekannte, wenig verbreitete Sorte. Ihre Weine haben ein höchst interessantes Bukett, moderate Säure, einen schlanken Körper und gewinnen mit der Reife. Im Verschnitt mit Nero d'Avola können Weine von hoher Qualität geschaffen werden.

Natürlich haben in Sizilien auch die international reputierten französischen Edelsorten längst Einzug gehalten. Vor allem der weiße Chardonnay kann erstaunlich gute Resultate bringen und der rote Cabernet Sauvignon wertet einheimische Tropfen auf.

Cannonau – so heißt die in Spanien Garnacha, in Südfrankreich Grenache genannte Sorte, die auf Sardinien tanninreiche, ausdrucksvolle Rotweine ergibt.

Die spanischen Trauben von Sardinien

200 Kilometer Wasser trennen Sardinien vom Festland. Schon ihrer Lage wegen war und blieb die Insel die eigenwilligste Region Italiens. Selbst ihre Gewächse sind anders als alle anderen. Hier finden sich Rebsorten, die es nirgendwo sonst in Italien gibt; sie wurden von den Phöniziern, den Karthagern, den Römern und dann vor allem von den Spaniern eingeführt, als Sardinien von 1297 bis 1713 zum Königreich Aragón gehörte.

Der jahrhundertelange spanische Einfluss wirkt bei den Weinen bis auf den heutigen Tag nach. Im Lauf der Zeit haben sich die Sorten aufgrund des speziellen Klimas und der Terroirs aber etwas verändert und bei der Weinbereitung hat der Geschmack der Sarden zu eigenen Weinstilen geführt.

Auch Sardinien wurde in der zweiten Hälfte des 20. Jahrhunderts für die Massenweinproduktion mobilisiert und lieferte in großen Mengen starke, schwere Verschnittweine. In dieser Zeit wurden denn auch ertragsstarke Massenträger-Sorten bevorzugt. Langsam findet man aber auch hier zurück zu eigenständigen, aus traditionellen Sorten gekelterten Weinen von eigenem Gepräge.

Klon

Aus ungeschlechtlicher (vegetativer) Vermehrung entstandener Nachkomme eines Lebewesens, im Falle einer Pflanze ein Schössling oder Ableger. Klone haben dieselbe Erbmasse und dieselben Eigenschaften wie die Ursprungspflanze.

Eine verwirrende Sortenvielfalt

Die wichtigsten und verbreitetsten Sorten stammen aus Spanien: Der rote Cannonau ist ein Klon der in Aragón, Katalonien, Rioja und Navarra sehr verbreiteten Garnacha-Rebe, die in Frankreichs Süden Grenache heißt. Der weiße Vermentino hatte seine

Heimat ursprünglich im Norden der Insel, in der Ursprungszone Vermentino di Gallura DOC (von wo auch die Korken für Italiens Weinflaschen stammen). Beide Hauptsorten, Cannonau wie Vermentino, werden heute in ganz Sardinien angebaut und haben eine inselweite Ursprungsbezeichnung, das heißt, sie dürfen als Cannonau Sardegna DOC oder Vermentino Sardegna DOC auf den Markt gebracht werden.

Ebenfalls spanischer Abstammung sind die roten Sorten Bovale, die hier Nièddera heißt, Carignano (spanisch: Cariñena, französisch: Carignan), Girò und selbst Monica, die in ihrer Heimat allerdings nicht mehr bekannt ist.

Die weiße Nuragus-Traube dagegen wurde bereits von den Phöniziern eingeführt und ist nach den Nuraghi, den prähistorischen Steinkegeln der Insel, benannt.

Die oft für Süßweine verwendeten Muskateller- und die Malvasier-Trauben sind griechischen Ursprungs, aber im Mittelmeerraum allgegenwärtig. Der sardische Vernaccia hat mit dem berühmteren Vernaccia di San Giminiano aus der Toskana außer dem Namen nichts gemein. Die Herkunft der weißen Sorte Nasco di Cagliari ist kaum erforscht. Fast überflüssig zu erwähnen, dass die einst französischen, heutigen Allerweltssorten Chardonnay, Sauvignon blanc und Cabernet Sauvignon in die Liste der zugelassenen Rebsorten der Insel aufgenommen worden sind.

Aus der Sorte Monica werden trockene Rotweine, aber auch ein schwerer, meist süßer Wein gekeltert, der 17,5 Vol.-% Alkohol enthält und an einen leichten Portwein erinnert.

Die Weißweine aus der Vermentino-Traube sind ideale Fisch-Begleiter: leicht, fruchtig und rassig. Die besten sardischen Weine aus dieser Sorte kommen von der Halbinsel Galura.

Die mediterranen Terroirs

»Terroir« ist ein französischer Ausdruck, der sich als Fachbegriff in der ganzen Weinwelt etabliert hat. Er umschreibt das Zusammenspiel von Mikroklima, Topographie und Bodenbeschaffenheit in einem Rebberg oder Anbaugebiet, also die natürlichen Gegebenheiten, mit denen die Reben zurechtkommen müssen. Sind Terroir und Traubensorte optimal aufeinander abgestimmt, so können gesunde, ausgereifte, aromatische Trauben geerntet werden – und sie wiederum sind die unerlässliche Grundlage für guten Wein.

Sizilien: Höhenlagen bis fast 1000 Meter

In Sizilien sind diese Voraussetzungen gegeben: Topographie und Klima – gebirgiges Terrain mit kargen Böden, intensive Sommerhitze und wenig Niederschlag – machen die Insel zu einem idealen Anbaugebiet für die klassische Kombination von Getreide, Oliven und Wein. Für den Weinbau sind einige dieser naturgegebenen Vorteile indessen noch lange nicht voll ausgeschöpft. Das gilt besonders für Hanglagen mit optimaler Ausrichtung in idealen Höhenlagen von 500 bis über 900 Meter, wo beträchtliche Temperaturunterschiede zwischen Tag und Nacht die Düfte und Aromen der Trauben aufs Schönste entwickeln. Dazu kommt die ganze Palette einheimischer Rebsorten mit eigenständiger Ausdruckskraft.

»Das Wesentliche ist«, sagt ein großer Kenner des sizilianischen Weinbaus, »dass wir die Böden und das Klima für Gewächse von Weltniveau haben. Das müssen wir beweisen, indem wir aus den international anerkannten Sorten große Weine keltern.

Unter der südlichen Sonne Siziliens wachsen Reben bis 900 Meter über Meer. Dank der starken Temperaturunterschiede zwischen Tag und Nacht behalten die Weißweintrauben eine schöne Säure, die den Wein frisch schmecken lässt.

Nicht Millionen von Flaschen, nur einige Zehntausend. Dann wird die Welt auch unsere sizilianischen Weine akzeptieren.« Das ist mittlerweile geschehen: Spitzengüter wie Regaleali und Planeta haben mit großartigen Chardonnay- und Cabernet-Sauvignon-Weinen die letzten Zweifler überzeugt. Die Tür zur Weltklasse steht im Prinzip jetzt also auch echt sizilianischen Gewächsen offen …

Im heißeren Klima sind Reben und Agaven Nachbarn.

Eine Besonderheit Siziliens sind die vielen vulkanischen Böden, bedeckt von schwarzem Lavasand und -gestein. Diese Terroirs, die Weine von eigenem Gepräge hervorbringen, finden sich rund um den Ätna (S. 42f.), aber auch auf den Liparischen Inseln, zu denen Stromboli gehört, und auf Pantelleria (S. 44f.).

Sardinien: Viele Möglichkeiten liegen brach

Wie wichtig das Zusammenspiel von Terroir und Rebe ist, zeigt sich – im negativen Sinn – auf Sardinien. Die Anbauflächen der populärsten Weine, Vermentino und Cannonau, ursprünglich nur regional auf geeigneten Böden und in besten Lagen kultiviert, wurden auf die ganze Insel ausgedehnt. Gleichzeitig wurden die zulässigen Erträge für Gewächse mit den Ursprungsbezeichnungen Sardegna DOC hochgeschraubt. Das Resultat war ernüchternd: Der mangelhafte Einklang der Rebsorten mit den Boden- und Klimaverhältnissen führte zu einem Fiasko in quantitativer wie auch in qualitativer Hinsicht.

Wenn dieser Misserfolg geeignet ist, den Rebbau-Verantwortlichen die Augen zu öffnen, dann können auf Sardinien noch viele Möglichkeiten ausgeschöpft werden, Terroirs und alteingesessene Trauben optimal zu nutzen, um gute oder gar große Weine von sardischer Eigenständigkeit zu erzeugen.

Sizilien und Sardinien gehören zu den südlichsten europäischen Weinbauregionen.

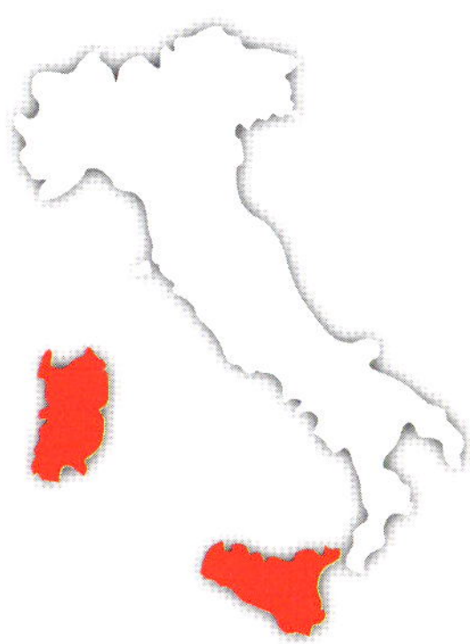

Von archaisch bis modern

Über Jahrhunderte, ja Jahrtausende wurden die Reben auf den Inseln als Buschreben erzogen, hier »Alborello« genannt. Es ist die Urform, die schon von den Griechen in der Antike eingeführt worden ist und die in Frankreich und der Schweiz »Gobelet« heißt. Die frei stehenden Reben werden von keinem Stock gestützt und haben nur einen kurzen Stamm von 30 bis 50 Zentimeter Länge. Daraus entwickeln sich drei bis fünf Äste, deren Zweige sehr kurz geschnitten werden. Im Winter, wenn die Stöcke unbelaubt und gestutzt sind, sieht das aus, als reckten sich Arme mit geöffneten Händen und Fingern aus dem Boden gen Himmel. Das Alborello-System eignet sich am besten für Reben von geringer Wüchsigkeit in trockenem, windigem Klima, ist also ideal für Sizilien und Sardinien.

Die Buschrebe (Alborello) ist die traditionelle Erziehungsform auf Sizilien. Heute wird sie zunehmend durch den Drahtbau abgelöst.

Bedrohte Buschreben

Die Ausrichtung des Weinbaus auf Quantität statt Qualität, die zwischen 1960 und 1987 von Rom und den Regionalregierungen systematisch gefördert und auch finanziert wurde, führte vielerorts zum Verschwinden des Alborello. An dessen Stelle traten Drahtbau-Anlagen, die zusammen mit der Einführung von Bewässerungsanlagen und dem massiven Einsatz von Dünger dem Ruf Siziliens und Sardiniens als Weinregionen nicht unerheblichen Schaden zugefügt haben. Chronische Überproduktion, sinkende Preise und zunehmende Unverkäuflichkeit der minderwertigen Trauben mit niedrigem Zuckergehalt waren die Folge.

Wegen der nach dem Krieg einsetzenden Landflucht musste die Landwirtschaft im Allgemeinen und der Weinbau im Besonderen weitgehend mechanisiert und rationalisiert werden. Auch das ist, besonders bei der maschinellen Ernte, der Qualität der Weine nicht immer förderlich.

Moderner Weinberg mit Drahtbauerziehung bei Regaleali. Diese Form des Anbaus erleichtert die Ernte.

Aktive Rebbauforschung

Auf Sizilien hat sich das regionale Weinbauinstitut »della Vite e del Vino« (Adresse S. 76) seit 1950 große Verdienste erworben. Es ist besonders in der Terroir- und Rebsortenforschung sehr aktiv und unterhält auf der ganzen Insel Versuchsrebgärten, in denen Lagen, Klone und Erziehungsformen der einzelnen Sorten praktisch getestet werden. Die Trauben dieser Parzellen werden in der Versuchskellerei in Virzi bei Alcamo in Mikrovinifikation, das heißt in kleinen Mengen, zu Wein verarbeitet.

In der Vergangenheit scheinen sich die Versuche etwas zu sehr auf Internationalität konzentriert zu haben; vom Riesling bis zum Pinot noir waren alle Sorten vertreten. Die heimischen Sorten und Weine, bei denen vermutlich die Zukunft liegt, wurden dagegen eher vernachlässigt.

Sizilien und Sardinien hätten große Möglichkeiten, wenn es gelänge, die Vielfalt der antiken Sorten, die zur Zeit stark bedroht ist, zu erhalten und wieder zu beleben. Entscheidend ist, dass diese Varietäten, die – wenn überhaupt – momentan weit unter ihren Möglichkeiten genutzt werden, nach modernen Qualitätsaspekten kultiviert und fachmännisch gekeltert werden.

Zwischen Innovation und Tradition

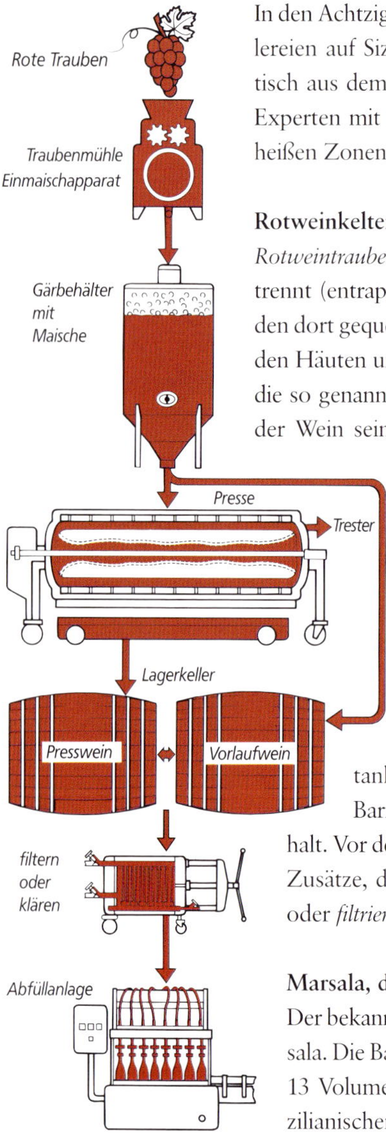

In den Achtziger- und Neunzigerjahren bauten die Kellereien auf Sizilien und Sardinien ihre Anlagen praktisch aus dem Nichts neu auf. Dabei wurden sie von Experten mit Kenntnissen über die Weinbereitung in heißen Zonen beraten.

Rotweinkelterung

Rotweintrauben werden zumeist von den Stielen getrennt (entrappt), kommen in die *Traubenmühle,* werden dort gequetscht und im *Gärbehälter* zusammen mit den Häuten und Kernen eingestampft. Dabei entsteht die so genannte *Maische.* Aus den Beerenhäuten zieht der Wein seine Farbe, aus den Häuten und Kernen Gerbstoffe. Der Saft, der von der Maische ohne Pressung abläuft, heißt *Vorlaufwein,* der Rest der Maische wird gepresst und ergibt den *Presswein.* Frische, fruchtige Rotweine bleiben einige Tage auf der Maische, konzentrierte, hochwertige Lagerweine bis zu einem Monat. Anschließend reift der Wein in großen Stahltanks, Holzfässern oder den kleinen Barriques aus Eichenholz mit 225 Liter Inhalt. Vor dem Abfüllen wird der Wein *geklärt* (durch Zusätze, die die Schwebeteilchen an sich binden) oder *filtriert.*

Marsala, die Seele Siziliens

Der bekannteste Wein Siziliens war und ist der Marsala. Die Basis ist ein kräftiger Wein mit mindestens 13 Volumenprozent Alkohol aus meist weißen sizilianischen Rebsorten, von denen Grillo als die

ideale gilt. Ein Teil des Weines wird destilliert und als Branntwein dem Marsala zur Verstärkung auf 17 bis 20 Volumenprozent Alkohol wieder zugeführt. Dann reift er in Barriques oder in großen Kastanien- oder Eichenfässern, je nach Qualität des Produktes ein bis zehn Jahre und länger.
Die populären Marsala-Versionen werden bereits während der Gärung aufgespritet; die Gärung wird damit vorzeitig beendet.

Wie Weißwein entsteht

Die weißen Beeren werden von den Stielen getrennt oder als ganze Trauben gepresst. Der dabei entstehende trübe Most wird geklärt, dann kommt er in die Gärbehälter, wo er bei einer Temperatur von nicht mehr als 25 °C vergärt. Kühlsysteme sind wichtig, denn Weißwein sollte nicht nur kühl getrunken, sondern auch kühl gekeltert werden.

Süße Weine aus rosinierten Trauben

Auf den Liparischen Inseln und auf Pantelleria (S. 44f.) werden die gesündesten und süßesten Trauben an der Sonne getrocknet und als Rosinen wochenlang in frischen Weißwein aus der gleichen Sorte eingelegt. Pro Liter Wein wird etwa ein Pfund getrocknete Beeren zugesetzt. Am Schluss dieser Maischung werden die nun aufgequollenen Beeren gepresst und ihr süßer Saft dem Wein wieder beigegeben. Nach der Reifung im Tank und dem Ausbau im Holzfass entsteht ein köstlicher Süßwein, der mindestens 14 Volumenprozent Alkohol und 11 Prozent Restzucker aufweist.

Der beste Marsala, Vergine genannt, lagert in kleinen Eichenfässern und wird im Perpetua-System assembliert: Die Fässer sind mehrstöckig aufgeschichtet. Aus den untersten wird jeweils ein Zehntel des Inhalts auf Flaschen gezogen und der entnommene Wein aus den oberen Fässern ergänzt. Die obersten werden immer wieder mit jungem Wein aufgefüllt.

Die insuläre Wein(un)ordnung

Natürlich sind auch die Weine Siziliens und Sardiniens der italienienischen Weinordnung mit ihren vier Kategorien unterworfen (siehe Grafik links). Hier im Mittelmeer ist diese Ordnung allerdings eher eine Unordnung. Nur ein kleiner Prozentsatz der Weinproduktion kommt mit kontrollierter Ursprungsbezeichnung DOC (Denominazione di Origine Controllata) oder DOCG (Denominazione di Origine Controllata e Garantita) auf den Markt, denn das System der Ursprungszonen hat in Sizilien nie gegriffen.

Die Qualitätshierarchie der italienischen Weine. An der Spitze stehen die Weine mit der Bezeichnung DOCG, die Basis bilden die Tischweine.

Im Dschungel der insulären Herkunftsgebiete

In Sizilien ist die Zahl der DOC-Zonen zwar stetig auf heute 14 Gebiete gestiegen, aber die Erzeugung von DOC-Weinen ist seit 1990 empfindlich zurückgegangen und beträgt nicht einmal mehr 2 Prozent. Vier Fünftel davon sind Weine mit der DOC Marsala. Neu anerkannt wurden vor allem Zonen im Westen, in den Provinzen Palermo und Trapani. Ob sie sich durchsetzen können, wird die Zukunft zeigen.

Im Osten sind die anerkannten Zonen um einiges älter, ihre Weinproduktion ist jedoch äußerst gering (Karte S. 34f.).

Im Aufwind sind dagegen die Süßweininseln Lipari mit dem Malvasia und vor allem Pantelleria mit dem Moscato und dem Moscato passito. Bisher vergeblich bemüht man sich seit Jahren um die Schaffung einer die ganze Insel umfassenden Ursprungsbezeichnung DOC Sicilia, die eine für den Konsumenten verständliche, minimale Qualitätsgarantie für sizilianische Gewächse darstellen würde.

Die meisten Erzeuger begnügen sich mit der IGT-Bezeichnung, einer neu geschaffenen Kategorie, welche

Steckbrief der wichtigsten Insel-Weine mit Ursprungsbezeichnung DOC

Weinname	Haupt-Traubensorte	Max. Ertrag pro Hektar	Mindest-alkohol	Reifezeit beim Erzeuger[1]	Produktions-menge
Marsala (Sizilien)	Grillo, Inzolia Catarratto	9000 – 10 000 kg	17–18 %	1 bis **10 Jahre**	20 Mio. Flaschen
Alcamo bianco (Sizilien)	Catarratto	12 000 kg	11,5 %	keine Vorschrift	3 Mio. Flaschen
Cannonau di Sardegna	Cannonau rot	11 000 kg	12,5 %	4 Monate	2 Mio. Flaschen
Monica di Cagliari Sardegna	Monica rot	11 000 kg – 15 000 kg	11 % – 13,5 %	5 bis **10 Monate**	2 Mio. Flaschen
Vermentino di Gallura di Sardegna	Vermentino weiß	14 000 kg – 20 000 kg	10,5 – 13,5 %	keine Vorschrift	7,5 Mio. Flaschen

[1]**fett:** Lagerzeit von Riservaweinen

die frühere »Vino da Tavola« ersetzt. IGT ist die Abkürzung von »Indicazione Geografica Tipica« und sagt lediglich aus, dass die Trauben aus der angegebenen Region stammen und gewissen, recht lockeren Anforderungen entsprechen. Für die IGT Sicilia sind es bei weißen Sorten Erträge von 15 000 Kilogramm pro Hektar und ein Zuckergehalt, der mindestens 10,5 Volumenprozent Alkohol ergibt. Bei den Roten sind die entsprechenden Zahlen 13 000 kg/ha und 11 Volumenprozent Alkohol. In Sizilien existieren acht regionale IGT-Bezeichnungen.

Aus sonnengetrockneten Moscato-Beeren wird auf der Insel Pantelleria ein konzentrierter weißer Süßwein gekeltert (S. 27).

Sardiniens verworrene Weingeographie

Noch viel verworrener ist die Weingeographie Sardiniens. Die Weinproduktion beträgt zwar nur einen Zehntel der sizilianischen, aber man hat es fertig gebracht, nicht weniger als 24 DOC-Zonen zu unterscheiden (Karte S. 48f.) und dazu noch 14 IGT-Gebiete zu bestimmen. Die Weinbürokratie hat eine Hochkonjunktur, von der die betroffenen Weine nur träumen können.

Von heißen und weniger heißen Jahren

Diese durch fehlenden Regen verkümmerten roten Trauben versprechen keine gute Ernte.

Während im Norden, in Deutschland ganz besonders, der Witterungsverlauf eines Jahres enorme Auswirkungen auf den Wein haben kann – gesegnete und weniger gute Jahre folgen in schnellem Wechsel aufeinander, ist der Rebbau im Süden weniger den Unbilden der Witterung ausgesetzt. Die Weinjahre gleichen sich zwar nicht wie ein Ei dem anderen, aber wirklich schlechte Jahrgänge sind selten.
Die Unterschiede werden hier vor allem von den Niederschlägen geprägt. Extreme Sommerhitze und Trockenheit lähmen die Reben und stoppen die Vegetation. Die Pflanze stellt sich aufs Überleben ein, gräbt mit ihren Wurzeln in der Tiefe nach Feuchtigkeit, zieht sich sozusagen in sich selbst zurück und vernachlässigt ihren Nachwuchs, die Trauben. Die Beeren entwickeln sich nicht mehr oder verkümmern sogar. In solch heißen Jahren sind die Erträge gering und die Trauben, so paradox es scheinen mag, haben Mühe, richtig reif zu werden. Schlechte Jahre sind hier also meist die heißen Jahre.

In nördlichen Weinanbaugebieten kann zu viel Regen die Ernte gefährden. Im Süden ist Trockenheit oft schuld an massiven Ernteausfällen.

Nord-Süd-Gefälle bei den Jahrgängen

Jahrgänge, die im Norden als ausgesprochen schlecht bis katastrophal gelten, wie zum Beispiel 1991, 1987 oder 1984, sind im Süden und im Mittelmeerraum oft gut bis hervorragend. Das Gleiche kann natürlich auch umgekehrt gelten. Bei den Insel-Weinen spielt die Jahrgangswertung sicher eine untergeordnete Rolle. Viel entscheidender für den Weingenuss ist ein guter Produzent und die optimale Trinkreife, die aus der folgenden Tabelle ersichtlich ist.

Die Weinreife-Tabelle für höchsten Weingenuss

Jahr	Bianco d'Alcamo DOC (Sizilien, weiß)	Etna DOC (Sizilien, rot)	Vermentino DOC (Sardinien, weiß)	Cannonau DOC (Sardinien, rot)	Moscato di Pantelleria DOC (Süßweine)
1998	↗	→	↗	→	→
1997	★	↗	★	↗	→
1996	★	★	★	★	↗
1995	↘	↘	↘	↗	↗
1994	↘	★	↘	★	★
1993	○	★	○	↘	★
1992	○	○	○	↘	★
1991	○	↘	○	↘	★
1990	○	↘	○	↘	↘
1989	○	↘	○	↘	★
1988	○	↘	○	○	★

Zur Qualität der Jahrgänge:
- = hervorragend
- = gut
- = mäßig

Legende:
- → noch sehr jung, reifen lassen
- ↗ am Anfang der Trinkreife, kann noch besser werden
- ★ auf dem Höhepunkt, trinken
- ↘ Zenit überschritten, austrinken
- ○ verpasst, wäre besser schon getrunken

Die sizilianisch/sardischen Weinjahre ab 1990

Weine dieser Jahrgänge sind teilweise noch im Handel erhältlich.

1998 In Sizilien hatten die roten Trauben wegen herbstlichen Regenwetters Mühe; in Sardinien die weißen infolge der sommerlichen Dürre.

1997 Optimale klimatische Bedingungen. Außergewöhnliche Weine. Sehr aromatischer Vermentino.

1996 Feuchtes Sommerklima begünstigte Pilzkrankheiten. Regen im Oktober beeinträchtigte die Rotweine. Normale Erntemenge in Sizilien, große Einbußen auf Sardinien.

1995 Hervorragende Ernte mit guten bis sehr guten Weinen in Westsizilien; karge Erträge, aber hervorragende Weine auf Sardinien.

1994 Extrem hohe Temperaturen brachten gute Ernte bei mäßigen Erträgen, in Sardinien sogar katastrophal wenig.

1993 In Sizilien ein Jahrgang, wie er alle 20 Jahre vorkommt! In Sardinien verhinderte Regen während der Ernte einen Spitzenjahrgang.

1992 Zu kalte Witterung bis in den Sommer, dazu fünf Monate ohne Regen in Sizilien.

1991 Nach dreijähriger Trockenheit konnten die ausgedörrten Rebböden endlich wieder auftanken. Reichliche Ernte, gute Qualität.

1990 Die seit 1988 andauernde Dürre hat besonders in Sizilien katastrophale Folgen. Einbußen von 40 %, aber gute Qualität.

BAGLIO
FLORIO
VECCHIOFLORIO

Die Weintypen Siziliens

Unseren Eltern oder Großeltern war aus Sizilien und Sardinien wohl nur ein einziger Wein bekannt: der süße Marsala – und auch der nur als klebrige Essenz. Heute aber entsteht auf den beiden Inseln eine neue Weinkultur, deren Gewächse zu entdecken sich lohnt.

Mit einer einfachen Symbolik weist die Vinoteca den Weg zum Wein, den Sie suchen. Stellen Sie die vier Fragen gemäß S. 16. Die Symbole mit den Beschreibungen geben die Antworten. Die Sterne für die Qualität werden aufgrund der Faktoren, Rebsorte, Terroir, Jahrgang und Winzer (S. 14ff.), vergeben.

Die Qualität

★	für einen guten Alltagswein
★★	für einen feinen Sonntagswein
★★★	für einen prächtigen Festtagswein
★★★★	für einen grandiosen Paradewein
★★★★★	für einen absoluten Weltklasse-Wein

Der Weintyp / Geschmack

🍷	Rotwein
	Rosé
	Weißwein

Ideale Gerichte zu diesem Wein

Lagerfähigkeit

	Trinkwein
	Lagerwein

Die Preiskategorien

❶	unter DM 10,– / € 5,–
❷	DM 10,– bis 20,– / € 5,– bis 10,–
❸	DM 21,– bis 30,– / € 10,– bis 15,–
❹	DM 31,– bis 50,– / € 15,– bis 25,–
❺	über DM 50,– / € 25,–

Die Vinoteca-Symbole zur Weinbeurteilung

★ Qualität

Weintyp/Geschmack

Speise-Empfehlung

Lagerfähigkeit

❶ Preiskategorie

Links: Die Weinwelt Siziliens ist vielfältig. Allein von Marsala gibt es zahlreiche Varianten.

Die Weintypen Siziliens

❶ Der Westen ★ – ★★ (S. 36/37)
DOC Alcamo bianco
DOC Contessa Entellina
DOC Menfi
DOC Sambuca di Sicilia
🍷🍷🍷 im Allgemeinen gefällige, süffige Weine der eher leichten Art
👄 Umtrunk, kalter Imbiss, Weiße als Aperitif und zu Fischgerichten, Rote zu Fleisch und Käse
🍾 meistens trinkreif, lagern nur bei schwereren Roten empfohlen
❶–❷ in der Regel recht preiswert

❷ DOC Marsala ★ – ★★★★ (S. 38/39)
🍷 mit Alkohol angereicherte Weine, daher recht schwer, Alkoholgehalt 17–20 Vol.-%
👄 einfache Typen als Kochweine, trockene als Aperitif, süße als Dessertweine
🍾 gut lagerbar, auch über Jahre
❶–❹ Marsala fine zum Kochen ist günstig, Marsala vergine ist kostbar und auch kostspielig

Zentrum:
❸ Regaleali ★★ – ★★★★ (S. 40/41)
🍷🍷🍷 Qualitätsweine von Tasca d'Almerita
👄 je nach Typ Alltagstrunk bis Galawein
🍾 einfache Weine trinkbereit, Spitzenweine jahrelang lagerbar
❷–❹ nie billig, aber immer ihren Preis wert

❹ Pantelleria ★★ – ★★★★ (S. 44/45)
DOC Moscato di Pantelleria/DOC Moscato passito di Pan telleria
🍷 Süßwein aus getrockneten Muskateller-Trauben
👄 Dessert, Gebäck, Abendtrunk
🍾 kann problemlos gelagert werden, gewinnt dabei an Komplexität
❷–❹ Modewein in Italien, daher zunehmend teurer

❼ Äolische Inseln ★★ – ★★★ (S. 44/45)

DOC Malvasia delle Lipari

- eigenwilliger, komplexer Süßwein
- Dessert, Meditationswein
- wird mit zunehmender Reife besser
- ❷–❹ rar, daher Liebhaberpreise

❹ Rund um den Ätna ★ – ★★★ (S. 42/43)

DOC Etna/DOC Faro

- eigenständige Weine aus einheimischen Trauben, im Aufwind
- zu rotem Fleisch, Geflügel, Käse
- eher jung trinken, aber einige Jahre lagerbar
- ❷–❸ Preise im Aufwärtstrend

❻ DOC Moscato di Siracusa / DOC Moscato di Noto (S. 43)

- üppige Süßweine, teilweise alkoholverstärkt, Menge unbedeutend
- Dessert, Meditationsweine
- gut und praktisch unbeschränkt lagerbar
- ❷–❸ als Rarität recht teuer

❺ Der Südosten ★ – ★★★★ (S. 42/43)

DOC Cerasuolo di Vittoria/DOC Eloro

- warme, kräftige Rotweine aus einheimischen Sorten
- deftige Fleischgerichte, Geflügel, Gegrilltes, Käse
- den meisten bekommen ein paar Jahre Lagerung in der Flasche gut
- ❷–❹ im Allgemeinen gutes Preis-Wert-Verhältnis

Folgende Weine tragen die Bezeichnung »IGT Sizilien«:

Camarro, Colli Ericini, Delia Nivoletti, Fontanarossa di Cerda, Salemi, Salina, Sciacca, Valle del Belice, Sicilia

Im Westen viel Neues

Seit sich der Weinbau nach dem Zweiten Weltkrieg, angekurbelt durch staatliche Subventionen, vom Osten der Insel in den Westzipfel verlagert hat, sind dort endlose Weinplantagen entstanden, ein Weinland fast so groß wie sämtliche Weinberge Deutschlands zusammen. Zunächst war die Produktion einzig und allein auf Massen ausgelegt – wenn niemand die Trauben kaufen wollte, war die Destillation immer noch ein Geschäft. Die Ernten wurden einzig von den allgegenwärtigen Genossenschaftskellereien verarbeitet.

Nun aber tauchen aus diesem anonymen Weinmeer immer mehr private Unternehmen auf, die sich schnell einen guten bis hervorragenden Namen schaffen. Einige dieser Güter sind Marsalsa-Produzenten, die, seit der Absatz dieses Produkts stockt, plötzlich große Mengen guter Trauben zur freien Verfügung haben und sich deshalb auf die Erzeugung bemerkenswerter unverstärkter Weine verlegen. Pellegrino (S. 61) und Donnafugata sind zwei Beispiele dafür.

Dass sich auch im genossenschaftlichen Weinbau Erfolge einstellen können, beweist die große Kooperative Settesoli in Menfi. Sie verarbeitet Trauben von 2600 Bauern mit zusammen 7500 Hektar Rebland und produziert jährlich 50 Millionen Liter Wein von ansprechender Qualität.

Die Weinberge im Westen Siziliens entsprechen in der Fläche beinahe dem gesamten deutschen Anbaugebiet

Einen noch schlagenderen Beweis, wozu der sizilianische Weinbau fähig ist, wenn er in rechte Hände kommt, ist der geradezu kometenhafte Aufstieg von Planeta. Die Familie, deren Oberhaupt Präsident von Settesoli ist, besitzt große Ländereien bei Sambucca di Sicilia. Sie überließ den alten Besitz der jungen Generation. Und was diese daraus machte, ist exemplarisch: Um sich auf dem internationalen Parkett messen zu können, setzte sie zu Beginn auf die französischen Edelsorten. Besonders der weiße Chardonnay aus den kargen Kalkböden wurde auf Anhieb ein internationaler, mehrfach ausgezeichneter Renner. Mit diesen Erfolgen hat sich Planeta den Weg geebnet für den Absatz von Weinen aus einheimischen Sorten.

Der Westen Siziliens ist im Aufbruch: neue Stahltanks zur Weinlagerung bei Alcamo, Provin Trapani.

Neue Anerkennung für den Weinbau im Westen

Im Zuge dieses Aufbruchs sind die besten der neuen Weingebiete im Westen als kontrollierte Ursprungszonen DOC anerkannt worden: Alcamo, Contessa Entellina, Menfi, Sambuca, Santa Margherita di Belice. Innerhalb der recht lockeren Vorschriften mit meist 12 000 kg Trauben pro Hektar zulässigem Höchstertrag haben sich neben den einheimischen Sorten auch Chardonnay, Cabernet Sauvignon und Sauvignon blanc in den Rebgärten fest etabliert.

Wein-Typ	★	🍷[1]	👄[2]	Lagerung	❶
Weißweine DOC: Alcamo, Contessa Entellina, Menfi, Sambuca, S. Margherita	★–★★ (Ausnahmen bis ★★★★)	leicht, duftig und fruchtig, auf internationalen Geschmack abgestimmt	als Aperitif, zum Umtrunk, zu Spargel, Fisch, Muschelgerichten	1–3 Jahre	❶–❷
Rosato (Rosé): Sambuca DOC	★–★★	süffig, fruchtig, herb bis lieblich	Zucchini und andere Gemüse, Eierspeisen	1–2 Jahre	❶
Rotweine DOC: Menfi, Sambuca, S. Margherita	★–★★ (Ausnahmen bis ★★★)	warm, herzhaft, würzig, gefällig	Gegrilltes, Fleisch, Geflügel, Käse	1–5 Jahre	❶–❷

[1] trinkreife Jahrgänge: S. 31; [2] ideale Speisen zum Wein: S. 54

Die verlorene Seele Siziliens …

Marsala – das war einmal. Das war der große Stolz Siziliens, der weltweit berühmteste Wein Italiens. Dann aber begann der legendäre Likörwein an seiner eigenen Klebrigkeit zu ersticken. Mit billigsten Qualitäten und allen möglichen und unmöglichen Zusätzen wurde ihm das Grab geschaufelt – und zugleich eine einst blühende Industrie mit in den Abgrund gezogen. Es kamen die Absatzkrise und das große Vergessen.

Wer sich heute an der flachen, brackigen Küste umsieht, erhält den Eindruck, dass Marsala nur noch eine Fassade ist. Er trifft auf eine triste, verkommene Industriezone, Fabrikhallen mit schwarzen Fensterlöchern, eingeschlagenen Scheiben und eingebrochenen Dächern. Hohe Mauern, groß mit verblichenen Lettern beschriftet, verstellen den Blick auf tote Innenhöfe. Die einst pompösen Eingangspforten mit ihren verwitterten Emblemen scheinen für immer geschlossen.

Doch inmitten dieses post-industriellen Elends, weit draußen vor der Stadt, strahlt leuchtend weiß eine Fassade mit sonnig-gelben Umrandungen um Türen und Fenster. Ein Name prangt stolz und tiefschwarz über dem Eingang: Florio. Die letzte Marsala-Bastion? Nicht ganz. Auch der einzige verbliebene namhafte Konkurrent und Gegenspieler Pellegrino 1880 wittert Morgenluft und deklamiert in seinen Prospekten pathetisch: »… und von einem unter der Gunst der Götter stehenden Stück Erde lebt die Tradition fort, bereit die Welt zu erobern.«

Marsala Vergine reift 5 Jahre, Marsala extra Vergine sogar 10 Jahre im Fass. Wie beim Sherry wird nach dem so genannten Solera- oder Perpetua-System vorgegangen. Mehrere Reihen von Fässern liegen übereinander. Der jüngste Wein kommt in die oberste Fassreihe, aus der untersten wird der gereifte Wein auf Flaschen gezogen.

… und ihre Auferstehung

Unvermittelt jedoch regt sich nun der Totgeglaubte, dessen Name nur noch auf Speisekarten (Schnitzel Marsala, Zabaione) überlebt hat. Die Basis der Renais-

sance ist eine strenge Regelung aus dem Jahre 1985, die artfremde Zusätze verbietet, die Reifezeit regelt, die Traubensorten bestimmt – und vorschreibt, dass Verarbeitung und Abfüllung an Ort und Stelle erfolgen müssen. Seither poliert der Marsala seinen einstigen Glanz zunehmend auf. Nur lässt sich die klebrige Patina sich nicht von heute auf morgen entfernen.

Ein Wein, aber auch eine Stadt: Marsala ist stolz auf seine barocke Kathedrale.

Trotzdem besteht begründete Hoffnung auf eine Auferstehung, denn dieser Wein ist die Seele Siziliens. Er vereint alle mediterranen Wohlgerüche und Aromen der Insel in sich, duftet nach Orangenblüten und Mandeln, nach Trauben und Rosinen, nach Dörrfrüchten und Feigen, nach Gewürzen und Vanille, nach Datteln und warmem Holz. Wie nachhaltig ein solcher Wein sein kann, das erfährt, wer das leere Glas beiseite stellt und tags darauf seine Nase hineinsteckt. Bei einem guten Marsala sollte der Duft 24 Stunden darin haften.

Wein-Typ	★	🍷	👄[1]	▬	❶
Marsala Fine	★–★★	17 % Alkohol, reift 1 Jahr beim Erzeuger im Fass	eigentlich ein hervorragender Kochwein	lagern lohnt nicht	❶–❷
Marsala Superiore/Riserva	★★–★★★	18 % Alkohol, 2 bzw. 4 Jahre im Fass, golden, duftet nach Holz, Nüssen, Zitrusfrüchten	secco (trocken) als Aperitif, semisecco (halbtrocken) und dolce (süß) zum Dessert	praktisch unbeschränkt	❷–❸
Marsala Vergine/extra Vergine	★★–★★★★	19 % Alkohol, 5 bzw. 10 Jahre im Fass, bernsteinfarben, knochentrocken, vielwürzig	kräftiger Käse, auch Blauschimmel; Meditationswein	praktisch unbeschränkt	❸–❹

[1] ideale Speisen zum Wein: S. 54

Zwei exemplarische Erzeuger

Es gibt in Sizilien zwei Weinfirmen des alten Adels, die nicht nur sehr groß, sondern so gut sind, dass sie, als eigentliche Botschafter des sizilianischen Weins, ein eigenes Kapitel verdienen. Denn ihre Namen und Marken sind weitaus bekannter als alle komplizierten DOC-Bezeichnungen zusammen.

Eine Fata Morgana namens Regaleali

Regaleali war während langer Zeit die einzige Insel in Siziliens Weinmeer. Die Domäne liegt inmitten einer großartig einsamen Gebirgsgegend. Wer sich durch Hunderte von Kurven schlängelt, dem eröffnet sich schließlich die Fata Morgana Regaleali, ohne Zweifel eines der schönsten Weingüter, die man sich erträumen kann: grüne Weingärten, so weit das Auge reicht, aufs Schönste angelegt und aufs Sauberste gepflegt – an die 400 Hektar weit.

Seit über 150 Jahren gehört das feudale Gut den Grafen Tasca d'Almerita. Dem kürzlich verstorbenen Conte Giuseppe gelang es, mit seinem »Rosso del Conte« den ersten Rotwein zu keltern, der Sizilien zum Ruhm in der Welt gereichte.

Edelstahltanks, Computeranlage zur Steuerung der Gärtemperatur: Der »Corvo« von Duca di Salaparuta wird in einer der modernsten Kellereien Europas gemacht.

Corvo: Weine aus dem Edelstahlpalast

Das Gegenstück zu Regaleali ist Corvo. Die Weinkellerei entstand 1824. Giuseppe Alliata, Duca di Salaparuta, hatte schon damals den Ehrgeiz, auf den adligen Tafeln Siziliens einen eleganten Wein aus Inzolia-Trauben zu kredenzen, der in seinem eigenen Rebgarten in Corvo gewachsen und den berühmten Weinen des Kontinents ebenbürtig war.

Im Jahre 1961 ging die Corvo-Kellerei in öffentlichen Besitz über und kam unter die Fittiche der staatlichen

Wirtschaftsförderung ESPI (Ente Siciliano per la Promozione Industriale). Übernommen und in Ehren gehalten wurde die Philosophie des Gründers, ausschließlich Weine aus sizilianischen Traubensorten zu keltern. Im Gegensatz zu Regaleali, wo man sich auf die eigenen Rebgärten stützt, sucht Corvo Trauben auf der ganzen Insel zusammen, kann die besten Partien auswählen und günstig einkaufen. So kann die Musterkellerei gute und hervorragende Rot- und Weißweine produzieren. Das Unternehmen ist entsprechend erfolgreich und leistete sich vor wenigen Jahren eine hypermoderne, utopisch anmutende Kellerei, eine der modernsten in Europa. 50 Milliarden Lire soll der blitzend blanke Edelstahlpalast gekostet haben – alles aus eigener Kraft finanziert, wie man auf der Direktionsetage mit berechtigtem Stolz bemerkt.

Ein Musterbetrieb: das Weingut Regaleali der Grafen Tasca d'Almerita.

Wein-Typ	★	🍷🍷🍷[1]	👄[2]	🍾	❶
Standardweine weiß: Corvo, Regaleali	★–★★	frisch und ausgewogen	als Aperitif, Durstlöscher, zu Fisch, Meeresfrüchten	1–3 Jahre	❶–❷
Standardweine rosé: Corvo, Regaleali	★–★★	süffig, von angenehmer Herbe	Imbiss, Gemüse, Sommergerichte	1–3 Jahre	❶–❷
Standardweine rot: Corvo, Regaleali	★–★★	warm, würzig, aus sizilianischen Sorten	rotes Fleisch, Pasta mit Fleischsauce	1–5 Jahre	❶–❷
Spitzenweine weiß: Valguarnera, Nozze d'Oro	★★–★★★★	Ausbau in Barriques, kräftig, Vanillenoten	Hummer, Räucherlachs, Geflügel, Kalbfleisch	2–5 Jahre	❸
Spitzenweine rot: Rosso del Conte, Duca Enrico	★★–★★★★	herb und trocken, füllig mit üppigen Aromen	Braten, Gegrilltes, Wild, reife Käse	3–10 Jahre	❸

[1] trinkreife Jahrgänge: S. 31; [2] ideale Speisen zum Wein: S. 54

Weine wie Phönix aus der Asche

Wer die Weinkarte Siziliens betrachtet, entdeckt eine ganze Reihe von Ursprungsgebieten (zu DOC-Zonen S. 34f.) im Osten der Insel. Wer dann dorthin reist, hat Mühe, überhaupt Wein zu finden. Vor kaum 20 Jahren definiert, liegen die Ursprungsgebiete heute in Schutt und Asche, unter Lava begraben, als hätte sich der Ätna darüber ergossen: Vom Moscato di Noto, vom Moscato di Siracusa und vom Faro DOC füllen ganz vereinzelte Produzenten lächerlich geringe Mengen in Flaschen ab; Relikte eher denn Realitäten.

Hoffnung für die Weine vom Ätna

In der DOC Eloro im Südosten der Insel wurde damit begonnen, kräftige, dunkle Rotweine zu erzeugen.

Aus der Asche zu erheben scheinen sich einzig die Weine von den Flanken des Ätna, dort also, wo der Weinbau schon in der Antike blühte. Am Osthang des Vulkans finden sich zwar keine immensen Rebfelder wie im Westen der Insel, dafür überall versteckte, kleine Parzellen mit den nur dort heimischen weißen Carricante- und roten Nerello-Trauben. An allen Türen wird Hauswein angeboten, professionelle Produzenten findet man dagegen nicht viele. Die Domänen Villagrande (S. 64) und Murgo (S. 61) sind zwei der letzten, die sich halten konnten.

Nun aber kommt ein Pharma-Unternehmer namens Giuseppe Benanti und will die unterbrochene Weinbautradition seiner Familie fortsetzen. Und zwar gründlich: Forscher und Wissenschaftler gehen für ihn rund um den Ätna auf die Suche nach den besten Lagen, die genauestens analysiert werden, und nach Trauben, die man in kleinen Mengen zu Weinproben verarbeitet. Mit den Besitzern der besten Carricante- oder Nerello-Parzellen schließt Benanti Lieferverträge für die Ernten ab.

Auch zwei kleine Gebiete im Südosten der Insel lassen überraschende Zeichen der Auferstehung erkennen. Die DOC Eloro mit ihrem Schwerpunkt Pachino, bis vor zwei Jahrzehnten überaus begehrt als Lieferant von schwarzroten kräftigen Verschnittweinen, beginnt ihre Unabhängigkeit mit eigenen Flaschenabfüllungen zu erlangen.

Im nahen Vittoria ist man bereits einen Schritt weiter: Unter dem Namen COS hat eine Gruppe von jungen Leuten den Wein ihrer Väter, den vergessenen Cerasuolo di Vittoria, gerettet, indem sie neue Kulturen des fruchtigen Frappato, »unseres Merlot«, wie sie sagen, und des tanninreichen Nero d'Avola, »unseres Cabernet Sauvignon«, anlegten und mittlerweile höchst interessante Weine erzeugen.

Lange Zeit wurde die Weinerzeugung rund um den Ätna, die in der Antike einen großen Stellenwert einnahm, vernachlässigt. Heute kündigt sich ein Neubeginn an.

Wein-Typ	★	🍷[1]	👄[2]	▬	❶
Etna DOC	★–★★★	eigenständiger, eleganter Rotwein aus Nerello-Trauben	Sonntagsbraten	2–5 Jahre	❷–❸
Eloro DOC	★–★★★	kräftig, rotschwarz, aus der Nero d'Avola-Traube	deftige Fleisch- und Wildgerichte	2–5 Jahre	❷
Cerasuolo di Vittoria	★–★★★★	fruchtiger und komplexer Rotwein, teils lange lagerfähig	Gegrilltes, Geflügel, Federwild, Käse	3–8 Jahre	❷–❹
Mocato di Noto, – di Siracusa	★★	fülliger, würziger Starkwein, gold- bis bernsteinfarben, halbtrocken bis süß	Mandelgebäck; Meditationswein	5–20 Jahre	❷–❸

[1] trinkreife Jahrgänge: S. 31; [2] ideale Speisen zum Wein: S. 54

Die süßen Satelliten

Die Insel Pantelleria liegt eine Schiffsnacht von Trapani entfernt, näher bei Tunesien als bei Sizilien – und ist doch italienisch. Sie misst etwa 50 Kilometer im Umfang; in einer guten Autostunde ist man einmal rundherum gefahren. Ihr Ursprung ist vulkanisch, ihr Lavasand und Gestein sind nachtschwarz.

Moscato di Pantelleria

Der süße Wein von Pantelleria war schon in der Antike legendär. Mit diesem Götternektar soll die Liebesgöttin Tanit den schönen Apollo verführt haben. Praktisch die einzige Traube der Insel ist Alexandria-Muskateller, der hier, nach dem afrikanischen Kap Zibibb, Zibibbo genannt wird. Alexandria wie Zibibb deuten auf den afrikanischen Ursprung hin. Die Sorte gedeiht ausschließlich in sehr warmen Gegenden. Auf Pantelleria wird die an sich sehr starkwüchsige und ertragreiche Sorte durch die kargen Böden und das trockene Klima im Zaum gehalten. Die gemäß den DOC-Vorschriften zulässigen Höchsterträge pro Hektar betragen 7000 Kilogramm Trauben oder 50 Hektoliter Wein.

Das reichlich komplizierte Reglement unterscheidet fünf Weintypen: Moscato di Pantelleria ist ein lieblicher bis süßer Weißwein in verschiedenen Versionen. Eine relativ trockene Art ist oft mit dem Sortennamen »Zibibbo« etikettiert. Moscato gibt es sogar als Schaumwein »spumante«. Berühmt, weil immer besser geworden, ist indessen der Moscato passito aus sonnengetrockneten Trauben (s. Weinbereitung S. 27). Es kann ein herrlich komplexer, aromatischer, nach Rosinen und Dörraprikosen duftender Tropfen sein.

Die trockene Version des Moscato wird auf dem Etikett oft als Zibibbo bezeichnet.

An den steilen Hängen der Insel Pantelleria wächst der Moscato oder Alexandria-Muskateller in terrassierten Weinbergen.

Malvasia delle Lipari

Auf den Liparischen oder Äolischen Inseln vor der Nordküste, von denen Stromboli die bekannteste ist, wird aus den dortigen Malvasier-Trauben ein ähnlicher Süßwein erzeugt, der Malvasia delle Lipari. Er wurde vom kürzlich verstorbenen Mailänder Designer Carlo Hauner zu neuem Leben erweckt und hat es dank ihm zu einer gewissen Berühmtheit gebracht. Kernland der kleinen Produktion ist die wunderschöne Insel Salina. Der starke, süße Wein hat ein bezauberndes Bukett des Südens. Er duftet nach Zitrus- und Dörrfrüchten.

Wein-Typ	★	🍷[1]	👄[2]	🍾	❶
Zibibbo IGT	★ – ★★	aromatischer Weißwein	Fischgerichte, Meeresfrüchte	1–3 Jahre	❶ – ❷
Pantelleria Passito DOC	★	gold- bis bernsteinfarben, würzig, aromatisch, süß	Nachspeisen, süßes Gebäck, Dörrfrüchte; Meditationswein	5–20 Jahre	❷ – ❹
Malvasia delle Lipari DOC	★ – ★★★	orange-bernsteinfaren, würzig, aromatisch, süß	Nachspeisen, süßes Gebäck, Dörrfrüchte; Meditationswein	5–20 Jahre	❷ – ❹

[1] trinkreife Jahrgänge: S. 31; [2] ideale Speisen zum Wein: S. 54

Vermentino, Cannonau, Monica

Wer sich diese drei Namen merkt, hat schon das meiste über die Weine Sardiniens gelernt. Zu zwei Dritteln werden weiße Weine, zu einem Drittel Rotweine erzeugt.

Vermentino, der dominierende Weißwein

Der weiße Vermentino ist der bekannteste und vor allem verbreitetste. Es handelt sich um einen trockenen, eher neutralen Tropfen von gefälligem Charakter. Als Urlaubswein, auf der Insel selbst zu Fisch oder Muschelgerichten genossen, mag er durchaus zu gefallen. Wenn man ihn aber aus seiner sonnigen Umgebung herausreißt, wirkt er etwas flach und säuerlich. Damit die Weine eine gewisse Frische aufweisen und nicht plump und flach ausfallen, wird der Vermentino meist frühreif gelesen, was oft auf Kosten des Aromas geht. Am duftigsten und kräftigsten gerät der Wein im Nordosten der Insel, in der DOC-Zone Gallura, nicht zuletzt weil dort die Anforderungen zur Erlangung der Ursprungsbezeichnung strenger sind als auf der übrigen Insel, wo die Weine mit Vermentino DOC Sardegna etikettiert sind.

Das Landesinnere Sardiniens ist noch stark bäuerlich geprägt.

Der Vermentino verdrängt zusehends den Nuragus, den zweiten sardischen Weißwein (S. 21), der noch in den Provinzen Cagliari und Oristano dominiert.

Die Rotweine Sardiniens

Die sardische Großkellerei Sella & Mosca verfügt über einen Fasskeller, in dem mehr als 9000 hl erstklassige Rotweine im Holz reifen können.

Ein großer Teil der Rotweine wird aus der Traubensorte Cannonau gekeltert, die in Spanien Garnacha und in Frankreich Grenache heißt. Weine aus Cannonau-Trauben können sehr fruchtig und würzig sein, mit Düften und Aromen, die an reife Äpfel und Feigen erinnern. Hinter der recht hellen Farbe, Granatrot bis Mahagoni, verstecken sich durchweg kräftige Weine, die für ihre DOC-Anerkennung 12,5 Volumenprozent Alkohol aufweisen müssen, für die Riserva, die zwei Jahre beim Erzeuger im Fass reifen muss, gar 13 Prozent. Neben dem trockenen Cannonau (secco) gibt es eine verwirrende Fülle von traditionellen Stilarten. Die früher sehr beliebten, oft mit Alkohol verstärkten Süßversionen sind jedoch bei den Konsumenten zur Zeit in Ungnade gefallen. Cannonau wird oft auch als Rosé ausgebaut.

Interessant sind die Rotweine mit dem Mädchennamen Monica. Diese einheimische Sorte kennt man nur auf Sardinien. Monica-Weine sind einfach, aromatisch, süffig und würzig, durchaus originelle Tropfen also, die jung genossen köstlich schmecken.

Wein-Typ	★	🍷[1]	👄[2]	🍾[3]	❶
Vermentino di Sardegna, – di Gallura	★–★★	blassgelb, frisch, trocken, angenehm	als Aperitif und Durstlöscher, zu Fisch, Meeresfrüchten, Pasta mit Pesto	1–2 Jahre	❶–❷
Cannonau di Sardegna, – di Oliena	★–★★★	helles Granatrot, fruchtig und saftig, kräftig (auch Rosé)	Gegrilltes, Braten, Lammfleisch, Schafkäse	2–**6** Jahre	❷–❸
Monica di Sardegna, – di Cagliari	★–★★	rubinrot, süffig, aromatisch, jung zu trinken	kalter Imbiss, Wurstwaren, Käse, Teigwaren, Eintöpfe	1–3 Jahre	❶–❷

[1] trinkreife Jahrgänge: S. 31; [2] ideale Speisen zum Wein: S. 54; [3] **halbfett:** Lagerfähigkeit von Riserva-Weinen

Die Weintypen Sardiniens

Die folgenden Weine werden auf der ganzen Insel angebaut:
DOC Cannonau di Sardegna
DOC Monica di Sardegna
DOC Moscato di Sardegna
DOC Sardegna Semidano
DOC Vermentino di Sardegna

Neben den Hauptweinen Cannonau, Vermentino (bei Gallura im Norden der Insel), Moscato und Monica auf der ganzen Insel hat Sardinien eine reiche Fülle an Spezialitäten zu bieten. Die meisten dieser Weine haben nur lokale Bedeutung und sind im Ausland Raritäten. Sollten Sie auf den einen oder anderen stoßen, so ist er sicher einen Probekauf wert – aus purer Neugierde schon.

Alghero DOC ★ – ★★★, ❶–❸
Dieses Anbaugebiet ist eigentlich die Herkunftszone der Weine der führenden Großkellerei Sella & Mosca (S. 68). Anerkannt sind rund 20 Weintypen, vom leichten weißen bis zum schweren, süßen Dessertwein, von sardischen Gewächsen bis zu den internationalen Sorten. Sardische Raritäten sind Weine aus den Torbato- und Cagnulari-Trauben.

Malvasia di Bosa DOC ★★ – ★★★, ❷–❸
Von den kalkigen Steilhängen ist als »Secco naturale« dank seinem nussigen Bukett und Olivenaroma ein gesuchter, doch schwer zu findender Aperitifwein.

Campidano di Terralba DOC ★, ❶–❷
Ist vor allem interessant, weil er aus der seltenen rubinkarminroten Bovale-Traube erzeugt wird. Der Wein ist trocken und weich, aber etwas unverbindlich.

Carignano del Sulcis DOC ★ – ★★★, ❶–❸
Diese Traube kommt nur an der Südspitze und auf den vorgelagerten Inseln S. Pietro und Sant'Antioco vor. Sie hat das Potenzial für kräftige, aromatische Rotweine, die gut reifen, wird aber oft als Rosato gekeltert.

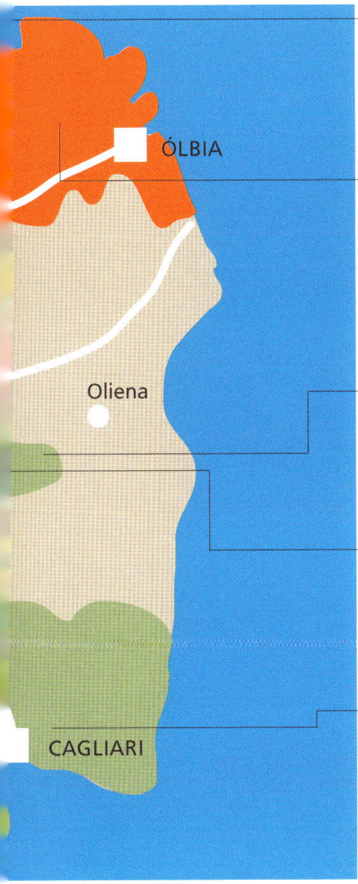

Moscato di Sorso-Sennori DOC ⋆ – ⋆⋆, ❷–❸
Die goldene Muskateller-Traube kommt auf der ganzen Insel vor, hat ihre Schwerpunkte aber in Cagliari und Sorso-Sennori. Der Wein wird von leicht und lieblich bis schwer und süß ausgebaut.

Vermentino di Gallura ⋆⋆ – ⋆⋆⋆, ❷–❸
Zusätzlich gibt es auf Sardinien folgende Weine mit Indicazione Geografica Tipica (IGT):
Barbagia, Colli del Limbara, Marmilla, Nurra, Ogliastra, Parteolla, Planargia, Provinca di Nuoro, Romangia, Sibiola, Tharros, Trexente, Valle del Tirso, Valli di Porto Pino, Isola dei Nuraghi

Mandrolisai DOC ⋆ – ⋆⋆, ❶–❷
kommt aus den Barbagi-Bergen mitten auf der Insel und ist meist ein Gemisch aus den sardischen Sorten Bovale, Cannonau und Monica. Ein süffiger, jung zu trinkender Rotwein; als Riserva kräftiger.

Vernaccia di Oristano DOC ⋆⋆ – ⋆⋆⋆, ❷–❹
Ist einer der interessantesten Weine Sardiniens, aber leider ebenfalls vom Aussterben bedroht. Es ist ein Sherry-artiger, komplexer, eigenwilliger Tropfen, der in den Versionen trocken und süß erzeugt wird.

Nuragus di Cagliari DOC ⋆, ❶
Ist heute eine verwässerte, blasse Version eines einst reinsortigen aus der antiken Nuragus-Traube gekelterten wuchtigen, bernsteinfarbenen Trunks, so kräftig, dass er oft mit Wasser verdünnt getrunken wurde. Heute ist der Wein immerhin ein angenehmer Durstlöscher.

Rund um Cagliari liegen die DOC-Zonen
DOC Giró di Cagliari
DOC Malvasia di Cagliari
DOC Monica di Cagliari
DOC Moscato di Cagliari
DOC Nasco di Cagliari
DOC Nuragus di Cagliari

REGALEALI
TASCA D'ALMERITA
REGALEALI
TASCA D'ALMERITA
REGALEALI
TASCA D'ALMERITA

Die kulinarischen Hochzeiten

Sizilien ist ein faszinierender ethnischer Schmelztiegel. Da mischt sich alles zusammen, was je auf der Insel herrschte und kochte. Sardiniens Küche dagegen ist erdverbundener, einfacher und rustikaler. Die Früchte des Meeres und des Landes sind frisch und lecker. Für Liebhaber von Süßigkeiten, ob fest oder flüssig, sind die Inseln ein Paradies.

Wer nach Sizilien kommt, findet kein Eldorado für Feinschmecker. Zwar wäre dafür alles vorhanden: die erstklassigen Rohprodukte, frischer Fisch, Gemüse, Getreide, Gewürze, Früchte, Fleisch, Käse – alles gibt es im Überfluss. Aber leider geht man in vielen Küchen sehr nachlässig damit um. Es ist ähnlich wie beim Wein: Zuerst kommt die Quantität und dann (vielleicht) die Qualität. Doch auch hier zeichnet sich ein Umbruch ab. Wer sucht, der findet erlesene Tafeln.

Die vielen Herren der Insel haben alle zur regionalen Küche, wie sie heute ist, beigetragen. Arabischen Ursprungs sind das Hirsegericht Couscous, hier *Cùscusu* genannt, oder die *Cassata*. Der Name stammt vom arabischen Wort Qas'at und bezeichnet die tiefe, runde Schüssel, in der die Köstlichkeit hergestellt wurde.

Die Sizilianer beanspruchen die Erfindung der Pasta für sich. Möglich wäre es, denn Sizilien war schon die Kornkammer der Antike und das Getreide der kargen, dürren Felder war sehr begehrt, weil es wegen seiner Härte beim Seetransport nicht zu faulen oder schimmeln begann. Heute werden die meist großen Teigwaren oft mit Gemüse vermischt. In Catania kennt man die Spaghetti mit Auberginen, Basilikum, Tomaten, Knoblauch und Käse. Die klassische Variante von Palermo sind Teigwaren mit Sardinen, gewürzt mit

Links: Zu den Weinen der Inseln passen lokale Produkte, wie Oliven, Hartkäse und Weißbrot.

wildem Fenchel. Auch Pasta mit Fischsugo, *intingolo* genannt, ist sehr beliebt. Die frischen, Durst löschenden Weißweine der neutralen Art trinken sich sehr gut in großen Zügen zu diesen deftigen Speisen.

Die sizilianischen Feinschmecker kommen in den Genuss von Fischen aus drei Meeren, dem Ionischen, dem Tyrrhenischen und dem Mittelmeer. Fischspezialitäten sind Sardinen, Thun- und Schwertfisch. Die Sardinen kommen gefüllt auf den Tisch, in Palermo überbacken und süßsauer angemacht, in Catantia dagegen pikant abgeschmeckt und in Öl ausgebacken. *Schwertfisch*, Pesce spada wird auf dem Grill als Steak zubereitet. Ein herber Rosé oder ein samtiger Roter ohne viel Gerbstoff ist der Wein der Wahl zu diesen Fischgenüssen.

Auf dem Fischmarkt von Palermo wird Thunfisch in jeder Größe und Qualität angeboten.

Der berühmte Thunfisch mit rotem Fleisch, der einst, wie die zahlreichen Fabriken, die Tonnaras, bezeugen, eine ganze Industrie beschäftigte, wird heute nur noch handwerklich verarbeitet. Aber die Fische und Konserven sind so hervorragend, dass die Japaner ein Vermögen dafür bezahlen. Gehaltvolle Weißweine oder fruchtige Rote sind des Thunfischs würdig.

Höhepunkte der sizilianischen Schwelgereien sind die Süßigkeiten. Drei Zutaten bilden die Grundlage: Mandeln, Pistazien und Honig. Daraus entstehen *Torrone* und Marzipan in unzähligen kunstvollen Varianten. Zu bunten Früchten und sogar zu Meeresfrüchten modelliert, wird Marzipan nicht per Stück, sondern kiloweise nach Gewicht verkauft.

Die Cassata ist eine halbkugelförmige Eiskomposition mit köstlicher Schlagsahnefüllung, gespickt mit

frischen oder kandierten Früchten, umhüllt von einer Schicht Vanilleeis.
Selbst Ravioli sind in Sizilien keine Teigtäschchen, sondern eine Süßigkeit: ein halbmondförmiges Gebäck aus Brotteig, mit frischem Quark gefüllt und mit Zucker bestreut. Und zu all den süßen Leckereien lässt man sich gern ein Gläschen einer der vielen süßen Inselweine servieren.

Safran, das Gold Sardiniens, blüht Ende Oktober. Um ein Kilo Safran zu ernten, sind 50 Arbeitsstunden nötig. Er ist das teuerste Gewürz der Welt. Im reichen Norden wird damit Risotto Milanese zubereitet.

Die Küche des offenen Herds

Die sardische Küche ist erdverbunden geblieben. Es ist eine Küche der Fischer, der Hirten und der Bergbewohner. In den Küstenregionen zehrt sie vom Meer und seinen Schätzen, von Fischen, Schalentieren und Muscheln, vom getrockneten Rogen der Meeräschen *(Bottarga)*, den man in hauchdünnen Scheiben über Selleriesalat oder gerieben über Teigwaren gibt. Das Bergland ist die Küche des offenen Herds geblieben: Spanferkel, Lamm, Zicklein, Suppen aus Fava-Bohnen und Gerste, Ravioli-ähnliche *Culingione*, Käse und Brot sind die leckersten Speisen. Vom Brot wird behauptet, dass jedes Dorf auf der Insel sein eigene Spezialität backe. Bäcker gelten hier als Künstler, die Tag für Tag Meisterwerke in Dutzenden von Formen herstellen. Das Carasau-Brot ist besonders gut haltbar und gehört deshalb immer zum Mundvorrat der Hirten. Es ist die Basis für eine ganze Reihe von Gerichten: Mit Eier-, Tomaten- und anderen Saucen serviert, wird es zum *Pane frattau;* mit Olivenöl, Salz und Pfeffer im Ofen erwärmt zum *Pane guttitau*. Der *Pecorino sardo*, der würzige Schafkäse, ist in der Welt draußen wohl bekannter als die sardischen Weine. Er wird aus der Vollmilch der Schafe erzeugt, die herrlich nach frischen Kräutern duftet.

Welcher Wein zu welchen Speisen?

Weintypen	**Weine**[1]
Weißweine	Corvo bianco (S. 40f.), Etna bianco, Bianco d'Alcamo (S. 36f.) *Vermentino (S. 46f.), Torbato di Alghero (S. 48)*
Rosato	Corvo rosato (S. 40f.), Settesoli rosato, Regaleali rosato (S. 40f.) *Cannonau rosato (S. 46f.), Carignano del Sulcis rosato (S. 48)*
süffige Rotweine	Frappato di Vittoria (S. 43), Corvo rosso (S. 40), Settesoli rosso (S. 36), Regaleali rosso (S. 40f.) *Cannonau secco, Monica di Sardegna (S. 46f.)*
kräftige, wuchtige Rotweine	Etna rosso (S. 42f.), Ceresuolo di Vittorio (S. 43f.), Regaleali Rosso del Conte (S. 40f.), Corvo Duca Enrico (S. 40f.) *Cannonau Riserva (S. 46f.), Carignano del Sulcis (S. 48)*
Likörweine	Marsala Fine (S. 38f.), Marsala superiore/Riserva (S.38f.), Marsala vergine/stravecchio (S. 38f.) *Vernaccia di Oristano (S. 49)*
Süßweine, Dessertweine	Moscato passito (S. 44f.), Malvasia di Lipari (S. 44f.), Moscata di Noto (S. 42f.) *Moscato di Sorso-Sennori (S. 49)*

[1]normale Schrift: Sizilien/*kursive Schrift:* Sardinien

Regionale Gerichte[1]	**Speisen generell**	
Beccaficu (gefüllte Sardinen), Braccioli di pesce spada (Schwertfisch), Pasta con le sarde (Spaghetti mit Sardinen), Tonno alla siciliana (Thunfisch), *Su farru (Gerstensuppe mit Minze), Aragosta (Langusten)*	Fischgerichte, Muschelgerichte, Gemüsegerichte, Eierspeisen, Omeletts, weißes Fleisch, milde Frischkäse	
Camponata (Gemüsetopf mit Auberginen), Cùscusu (Couscous mit Fisch), *Favata (Bohnentopf mit Schweinefleisch), Malloreddus (Grießgnocchi mit Sauce), Involtini (Kalbfleischrouladen)*	Wurstwaren, Teigwaren in Butter, weißes Geflügel, Kalbsragout, Pizza, Grillfisch, milde Frischkäse	
Pesce spada (Schwertfisch vom Grill), Farsumagru (Kalbsrollbraten), *Agnello al finocchioi (Lamm mit Fenchel), Pollastrini ripieni (gefüllte Poularde)*	herzhafte Eintöpfe, Schweinefleisch, Teigwaren mit würziger Sauce, Hackbraten	
Caprettu ripieno (gefülltes Zicklein), Cogniglio alla cacciatore (Kaninchen), *gereifter Peccorino (Schafskäse), Cinghiale a carraxiu (Wildschweinbraten), Ghisau (gespickter Rinderbraten)*	Gerichte aus rotem Fleisch mit Sauce, Gegrilltes, Braten mit Sauce, Steak Tartar, Wildgerichte, würzig scharfe Hartkäse	
Fino als Kochwein, Secco (trocken) als Aperitif, zu dolce: Cassata, Fragolini al Marsala (Walderdbeeren) *Seadas (Käsegebäck mit bitterem Honig)*	Marsala-Schnitzel, zu Dolce: süße Nachspeisen, Früchte, Torten, Mandelgebäck	
Mandelgebäck, Zabaione (Ei-Wein-Creme), Marzipan, Cassata	süße Nachspeisen, Früchte, Torten, Mandelgebäck	

zur Wahl der Jahrgänge: siehe Trinkreife-Tabelle S. 31

Die schönsten Güter, die besten Weine

Bis vor kurzem füllten auf Sizilien und Sardinien nur wenige Weingüter ihre Weine in Flaschen ab. Doch die Flaschenabfüllungen nehmen zu und das Angebot an »Inselweinen« wird immer reicher und interessanter. Alle in diesem Guide aufgelisteten Güter erachten wir als zuverlässig und ihre Weine als empfehlenswert.

Die Sterne führen zu den qualifizierten Gütern. Meist wird eine Bandbreite der offerierten Qualitäten angegeben. ★ – ★★★★★ bedeutet, dass dieses Gut vom ehrlichen Alltagswein bis zum absoluten Weltklasse-Wein alles erzeugt. Die Preiskategorien der Weine sind mit den bekannten Münzsymbolen ❶ – ❺ vermerkt. Was Qualität und Preiskategorien im Einzelnen bedeuten, sehen Sie auf S. 33.

Der Weinratgeber, der ständig aktuell bleibt

Natürlich ändert sich das Angebot ständig, die Qualität der Weine von Jahrgang zu Jahrgang. Um stets aktuell zu bleiben, bedient sich die Vinoteca des Internets. Dort steht eine Website zur Verfügung, die vom internationalen Weinmagazin Vinum unterhalten wird. Unter der Internetadresse www.vinoteca.falken.de finden Sie Resultate und Kommentare zu den neuesten Verkostungen.

Weinauskunft auf Abruf

Wenn Ihnen das Netz der Netze noch ein Buch mit sieben Siegeln ist, können Sie aktuelle Verkostungsnotizen direkt anfordern bei: Vinum Verlag, Biebricher Allee 134, D-65187 Wiesbaden.

Intervinum AG, Klosbachstr. 85, CH-8030 Zürich.

Links: Die Weingutsbetreiber der Inseln freuen sich immer über Besuch.

SIZILIEN

Zum besseren Auffinden der Ortschaften auf der Karte sind in Klammern die Provinzen angegeben:
Agrigento (AG), Caltanissetta (CL), Catania (CT), Enna (EN), Messina (ME), Palermo (PA), Ragusa (RG), Siracusa (SR), Trapani (TP).

Avide ★★
Vitivinicola Avide, Comiso (RG)

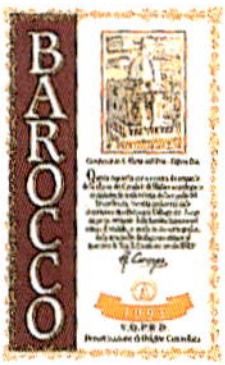

Dieser mittelgroße Betrieb keltert ausschließlich Trauben aus den eigenen 50 ha Rebland. Man hat es sich zur Aufgabe gemacht, die Sorten der Region zu kultivieren, allen voran die süffig angenehmen Cerasuolo di Vittoria Barocco ❸ und Etichetta nera ❷. Mit dem Vigne d'Oro ❷ beweist Avide, dass man sehr gekonnt mit Chardonnay umgehen kann, und seit neuestem leistet die Kellerei auch einen wichtigen Beitrag zur Wiederbelebung des Moscato di Noto ❸.

Benanti ★★ – ★★★★
Tenuta di Castiglione, Viagrande am Ätna (CT)

Seit 1989 leistet sich der Pharma-Unternehmer Giuseppe Benanti eine Weinkellerei, die der DOC Ätna seither wichtige neue Impulse verliehen hat. Das Weingut, das ursprünglich nur in Castiglione heimisch war, hat seine Aktivität über die ganze südöstliche Ätna-Flanke ausgebaut, wo die Rebgärten von 450 bis auf 1000 Meter ansteigen. Die einheimischen Sorten werden systematisch auf wissenschaftlicher Grundlage zu höchster Perfektion getrieben und zu prächtigen Weinen verarbeitet: Etna rosso Rovitello ❸ (Nerello), Etna bianco Pietramarina ❸ (Carricante). Sehr gekonnt und erfolgreich ist Lamoremio ❹, die Kombination der sizilianischen Trauben Nero d'Avola und Nerello mit dem französischen Cabernet Sauvignon. Selbst ein köstlicher Passito di Pantelleria Coste di Mueggen ❸ wird angeboten.

Corvo ★ – ★★★★
Duca di Salaparuta (Corvo), Casteldaccia (PA)

Der Musterbetrieb – oder die Ausnahme, welche die Regel bestätigt – beweist, dass sizilianische Weine weltweit Erfolg haben können. Produziert werden hier jährlich 10 Mio. Flaschen, von denen rund 4 Mio. in 41 Länder exportiert werden. Einer der Hauptabsatzmärkte ist Japan, wo der Corvo bianco die Nummer eins ist. Das Programm umfasst ein Dutzend Weine – vom Spumante Duca di Salaparuta ❸ bis zum Portwein-ähnlichen Likörwein Ala ❸. Quantitativ dominieren die klassischen, sauberen und sehr preiswerten Corvo bianco ❶, Corvo rosato ❶ und Corvo rosso ❶. Qualitativ stehen die großartige Riserva Duca Enrico ❹ und der höchst bemerkenswerte Terre d'Agala ❷ an der Spitze, beide zu 100 % aus der erstaunlichen mediterranen Sorte Nero d'Avola gekeltert. Wunderbare Weißweine werden aus den heimischen Inzolia-, Grecanico- und Catarratto-Trauben erzeugt: Bianca di Valguarnera ❷–❸ und Corvo Colomba Platino ❷. Diese Spitzenweine heimsen denn auch internationale Erfolge ein und sind die besten Botschafter für Siziliens Weinbau.

COS ★★ – ★★★★

COS, Vittoria (RG)

Zwei Architekten und eine Sozialarbeiterin mit den Namen Cilia, Occhipinti und Strano, deren Initialen COS ergeben, haben schon 1980 als Studenten mit den verkommenen Rebparzellen ihrer Familien eine kleine Kellerei gegründet, um der aussterbenden DOC Cerasuolo di Vittoria neues Leben einzuhauchen, was ihnen auch hervorragend gelingt. Sie kultivieren die Frappato-Traube mit ihrem herrlichen Kirscharoma und assemblieren sie mit der Nero d'Avola, die sie in der Barrique ausbauen. Neuerdings hat sie der Ehrgeiz gepackt, auch mit edlen französischen Sorten zu experimentieren. Das Qualitätsstreben dieser passionierten Weinmacher kommt darin zum Ausdruck, dass sie von ihren 14 ha Reben nur gerade 30 000 Flaschen erzeugen. Die Weine von COS: Sciri ❸, Cerasuolo di Vittoria ❷, Le Vigne di Cos, rosso und bianco ❸. Großartig ist der weiße Inzolia Ramingallo ❸.

D'Ancona ★★★

D'Ancona, C. di Cimilia, Pantelleria (TP)

Ein kleines Museum einer Kellerei, die ihre wunderbaren Weine noch ganz nach traditioneller Art erzeugt, sozusagen in Handarbeit, keine 10 000 Flaschen im Jahr: Moscato di Pantelleria ❸, die Passito-Version Solidea ❹ und ein prächtiger Weißwein aus der Zibibbo-Traube Skuvaki ❷.

Donnafugata ★★ – ★★★

Donnafugata, Marsala (TP)

Dieser moderne Betrieb ist aus dem alten Marsala-Haus Rallo hervorgegangen. Man hat die Marsala-Vorräte und -Produktion inzwischen verkauft, die alte Fabrik wunderschön renoviert, für eine »normale« Weinproduktion umgerüstet und erzeugt heute eine Reihe moderner, gefälliger Weine. Auf der Tenuta di Donnafugata mit ihren 120 ha Reben sind die Frauen keineswegs vertrieben, wie der Name sagt, sondern im Gegenteil sehr präsent: Gabriela Rallo hat einen nach ihr benannten Spitzenweißen, Vigna di Gabri ❷–❸, aus 100 % Ansonica (Inzolia), und auch ihre Tochter José ist sehr aktiv im Geschäft. Man lässt hier den neuen Weinmoden freien Lauf und assembliert sehr geschickt Nero d'Avola mit Cabernet Sauvignon unter den Namen Mille e una Notte ❺ und Tancredi ❹. Sehr gefällig sind die unter der Marke Donnafugata abgefüllten weißen, roséfarbenen und roten Weine ❷. Die Kellerei hat auch ein Standbein auf der Insel Pantelleria und erzeugt dort schmackhaften Moscato ❸ und Ben Rye, einen märchenhaften Moscato passito ❹.

Elorina ★ – ★★★

Cooperativa Interprovinciale Elorina, Rosolini (SR)

Der Genossenschaftsbetrieb wurde zu Zeiten des Verschnittweinbooms sehr großzügig konzipiert – zu großzügig, wie sich bald erwies. Heute steht ein Großteil der Lagertanks leer, viele Bauern produzieren statt Trauben Tomaten (Pachino hat sich damit einen Namen gemacht). Doch das Leben der Genossenschaft geht weiter; statt quantitativ wird jetzt eben qualitativ produziert. Und das recht viel versprechend und sehr preisgünstig: Eloro rosso ❶, rosato ❶ und Eloro rosso Pachino ❷. Die Kellerei ist auch eine wirksame Stütze des eine Zeit lang vom Untergang bedrohten Moscato di Noto ❸ geworden.

Florio ★★ – ★★★★

Vinicola Italiana Florio, Marsala (TP)

Florio steht an der Spitze der Marsala-Hersteller, in quantitativer und qualitativer Hinsicht. Die imposante Baglio, wie man hier die Weinfabrik nennt, erstreckt sich über 50 000 Quadratmeter, in den immensen Lagerhallen reifen 5 Mio. Liter Wein und jährlich werden 3 Mio. Flaschen gefüllt. Gegründet wurde das Unternehmen 1833 vom legendären Unternehmer Florio, der seine Produkte mit einer eigenen Handelsflotte in alle Welt versandte. 99 Schiffe insgesamt – mehr billigten ihm die Engländer nicht zu, weil er ihre Vormachtstellung auf den Meeren hätte bedrohen können. Das Unternehmen gehörte lange Zeit zur Cinzano-Gruppe und ging kürzlich an die Firma ILLVA-Saronno über. Die günstigen Versionen des Marsala von Florio ❷ sind gut, die teureren hervorragend. Spitze: Targa Florio 1840 ❸, Marsala Vergine Terre Arse ❸, Vecchioflorio ❷–❸. Florio bietet auch noch eine ganze Reihe historischer Jahrgänge mit wundervollen Aromen an ❺.

Hauner ★ – ★★★

Carlo Hauner, Fraz. Linga di Salina, Salina (ME)

Der kürzlich verstorbene Designer und Kunstmaler aus Mailand ist der eigentliche Bewahrer der DOC Malvasia delle Lipari. Er wirkte rund 30 Jahre auf der wunderschönen Insel gegenüber der berühmten Vulkaninsel Stromboli und nach und nach sind 27 ha Rebfläche zusammengekommen. Heute haben Hauners Erben die kleine, feine Kellerei übernommen. Die Produktion des gesuchten Süßweins Malvasia delle Lipari ❸ ist im Ausbau, derzeit sind es stolze 40 000 Flaschen jährlich. Weiter werden zwei süffige Urlaubsweine, ein Salina rosso und bianco ❷ angeboten.

I.VI.COR ★ – ★★

I.VI.COR, C. da Malvello, Monreale (PA)

Dieser aufstrebende Betrieb hat guten Erfolg mit seiner preiswerten Produktlinie Principe di Corleone. Es sind technisch sehr sauber gemachte, gefällige Weine, mit Ausnahme des Alcamo bianco ❺ ganz auf der Basis der internationalen Sorten Pinot bianco ❶, Chardonnay ❶–❷ und Cabernet Sauvignon ❷.

La Lumia ★★

Barone La Lumia, Licata (AG)

Dieser Betrieb ist ganz in der Tradition des sizilianischen Adels verhaftet. Der schön renovierte Gutshof stammt aus dem 17. Jahrhundert und nur die eigentliche Kellerei ist modern. Die Weine sind selbstverständlich nur aus einheimischen sizilianischen Sorten gekeltert, oft wuchtig und etwas ungeschliffen. Wer rustikale Tropfen liebt, kommt hier auf seine Kosten; auch im buchstäblichen Sinn: Die Weine sind sehr preiswert: Signorio bianco ❶, Signorio rosso ❶–❷, Stemma ❶–❷, ein süffiger Rotwein ❶–❷ und Cadetto ❶, ein junger, frischer Roter.

Miceli ★ – ★★

Azienda Vinicola Miceli, Palermo (PA)

Der kürzlich verstorbene Ignazio Miceli war ein Pionier, der die sizilianischen Weine als Erster in die Welt hinaus getragen hat. Seine Firma war für die Kommerzialisierung (und damit den großen Ruf) der Weine von Regaleali verantwortlich. Sein letztes Projekt: frische, moderne, leichte sizilianische Weine zu sehr günstigen Preisen selbst zu produzieren. Zu diesem Zweck kaufte er auf Pantelleria ein altes Gut, das er als moderne Kellerei ausbaute. Miceli-Weine sind Yrnm bianco und rosso ❶, reinsortige weiße Grecanico ❶ und Inzolia ❶, ein roter Nero d'Avola ❶–❷, während Garighe ❶–❷ eigentlich gar kein Wein ist, sondern ein höchst angenehmer, angegorener Traubensaft mit nur 3 % Alkohol.

Murana ★★★ – ★★★★
Salvatore Murana, Pantelleria (TP)
Der Feuerwehrmann Murana ist der ungekrönte König des Moscato di Pantelleria. Seine Weine sind die Träume einer sonnigen Vulkaninsel im Azur des Mittelmeers. Jahr für Jahr bringt er es fertig, sozusagen in Handarbeit und mit einem Minimum an Technik aus seinen verschiedenen Lagen herrlich süße, aromatische Elixiere zu keltern. Seine Weine sind der Maßstab für die Süßweine der Insel. Die Latte liegt hoch: Moscato Passito di Pantelleria Martingana ❺, Khamma ❹, Mueggen ❹. Dazu kommt ein interessanter, trockener Moscato Gadir ❷.

Murgo ★★ – ★★★
Barone Scammacca del Murgo, Catania (CT)

Das schöne Gut San Michele in S. Venerina, 500 bis 600 Meter über dem Meer an den Hängen des Ätna gelegen, produziert seit 1850 Wein und erzeugt unter seinem Besitzer Baron Emanuele Scammacca del Murgo in erster Linie einen frischen Etna bianco Murgo ❶–❷ (Carricante/Catarratto) und einen interessanten, eigenständigen Etna rosso Murgo ❷ aus der heimischen Nerello-Mascalese-Traube. Charakter zeigt der Murgo brut ❸, der Schaumwein des Hauses aus der Nerello-Traube. Paradewein aber ist ein sehr schöner, nach dem Weingut benannter Cabernet Sauvignon Tenura S. Michele ❸.

Palari ★★★★
Palari, Loc. Santo Stefano Briga, Messina (ME)
Es muss ein Weinverrückter sein, der so etwas macht: Salvatore Geraci opfert seinen Familienpalast aus dem 18. Jahrhundert, richtet im Salon den Gärkeller ein und macht die Gästezimmer zu Fasslagern. Und all das in einer einst berühmten Weinregion zwischen Messina und Taormina, deren Gewächse heute aber praktisch ausgestorben sind: Faro DOC. In seinem Unterfangen wird er unterstützt vom piemontesischen Star-Önologen Donato Lanati. Der Faro Palari ❹ aus Nerello und Nero d'Avola ist ein mediterranes Gedicht und selbst der Zweitwein Rosso del Soprano ❸ ist noch große Klasse.

Pellegrino ★ – ★★★
Carlo Pellegrino, Marsala (TP)

Das traditionsreiche, 1880 gegründete Marsala-Haus erzeugt aus seinen 400 ha eigenem Rebland nicht nur die ganze Palette von ehrbaren bis hervorragenden Marsala-Weinen ❷–❹, sondern produziert unter der Marke Duca di Castelmonte eine preiswerte Reihe beachtlicher sizilianischer Gewächse, wie die weißen Fiorile Grecanico ❶–❷ und Fiorile Alcamo ❶–❷, Fiorile rosato ❶ sowie Fiorile rosso ❶–❷ und Ulysse Etna rosso ❷. Großen Erfolg hat Pellegrino mit seinen beiden Süßweinen Moscato und Passito di Pantelleria ❸–❹.

Planeta ★★ – ★★★★
Planeta, Sambuca di Sicilia (AG)

Planeta ist der Senkrechtstarter des Jahrzehnts, wenn nicht des Jahrhunderts. 1995 trat die junge Garde der alteingesessenen Familie Planeta an. Die Weine von Planeta sind dank perfekter Arbeit in Weinberg und Kellerei, der Beratung durch den international bekannten Önologen Carlo Corino und genialem Marketing in einem halben Jahrzehnt auf der ganzen Welt auf Beachtung und Achtung gestoßen. Das Weingut liegt am Lago Arancio zu Füßen Sambuca di Sicilia und umfasst 200 ha karges Rebland. Die ersten Erfolge erzielte man mit den internationalen Sorten, einem Chardonnay ❸–❹, Cabernet Sauvignon ❸–❹ und einem Merlot ❸–❹. Zunehmend kultiviert Planeta auch einheimische Sorten, die als Assemblagen dem Segreto bianco ❷ und dem Segreto rosso ❷ unverkennbaren Charakter schenken. Rein sizilianisch ist der weiße Alastro ❷–❸.

Rallo ★★
Cantine Alvis-Rallo, Marsala (TP)

Rallo, einer der großen Namen in der Tradition der Marsala-Produktion, wurde kürzlich von der Kellerei Alvis übernommen. Damit wurde ein Neuanfang gestartet, nachdem sich die Familie Rallo selbst in der erfolgreichen Erzeugung von Weinen in der Zone von Contessa Entellina unter dem Namen Donnafugata engagiert hat. Teilweise aus den Rallo-Vorräten geschaffen, ist eine neue, komplette Palette der Marsala-Typen Marke Rallo ❷–❹ lanciert worden. Die Firma vermarktet zudem unter dem Namen Vesco ❶–❷ eine ganze Reihe zuverlässiger west-sizilianischer Weine, dazu Moscato di Pantelleria ❷–❸ und verschiedene Likörweine ❷–❹.

Rapitalà ★★ – ★★★
Rapitala Adelkam, Camporeale (PA)

Dieses 350 ha große Gut in den Hügeln der DOC Alcamo produziert etwa 3000 Tonnen Trauben jährlich und füllt gut 1 Mio. Flaschen ab. Das Unternehmen wird vom ehemaligen französischen Marineoffizier Hugues de la Gatinais dirigiert und ist neuerdings im Besitz des großen Gruppo Italiano Vino (GIV). Die Weine sind überzeugend frisch und fruchtig: der weiße Rapitalà bianco Alcamo ❷ aus Catarratto, der Rapitalà rosato ❷ und der Rapitalà rosso aus der Sorte Nerello Mascalese. Konzessionen an den internationalen Geschmack macht nur die blumige Marke Bouquet ❷, je zur Hälfte aus Catarratto und Sauvignon blanc. Paradeweine sind der Tenuta di Rapitalà bianco d'Alcamo ❸ und der Rapitalà Chardonnay ❸.

Regaleali ★★ – ★★★★★
Conte Tasca d'Almerita, Vallelunga Pratameno (CL)

Das schönste Weingut Siziliens. Etwa 300 ha stehen unter Reben; die Jahresproduktion liegt bei über 2 Mio. Flaschen. In der modernen Kellerei werden hauptsächlich die einheimischen Sorten Catarratto, Inzolia, ein gutseigener Klon der Malvasia-Traube, Perricone, Nero d'Avola und Nerello Mascalese gekeltert. Zuverlässige, sehr angenehme Standardweine sind die Regaleali bianco ❷, rosato ❷ und rosso ❷–❸, Spitzenweine der weiße Nozze d'Oro ❸ und der Rosso del Conte ❹. Regaleali war wohl das erste Gut Siziliens, das auch mit seinen Weinen aus Chardonnay ❹, Cabernet Sauvignon ❺ und Pinot nero ❹ von sich reden machte.

Sant'Anastasia ★★★ – ★★★★
Abbazia Sant'Anastasia, Castelbuono (PA)

Auf großartig sonnenexponierten Terroirs der Nordküste, an der Grenze zwischen den Provinzen Palermo und Messina, hat sich dieses Weingut dank seinen wunderbar samtigen, warmen und würzigen Weinen einen Spitzenplatz unter Siziliens modernen Produzenten erobert. Der Cabernet Sauvignon Litra ❹ scheint die Behauptung untermauern zu wollen, dass diese Sorte von der großen Insel stammt. Großartig auch der Chardonnay Baccante ❹, der Passamaggio ❷–❸ (Nero d'Avola/Merlot) und beachtlich der preiswerte Sant'Anastasia rosso ❷.

Settesoli ★ – ★★★

Cantine Settesoli, Menfi (AG)

Eine der ganz wenigen Genossenschaften, die mit ihren Weinen in Erscheinung treten. Verarbeitet werden die Trauben von 3000 Produzenten, die zusammen 8500 ha Rebland kultivieren. Geerntet werden jährlich 70 000 Tonnen Trauben, die zu 60 Mio. Liter Wein gekeltert werden. 40 % davon kommen in Flaschen auf den Markt. Auf Versuchskulturen werden intensiv Verhalten und Eignung von neuen Sorten geprüft – mit dem Resultat, dass die heimischen Sorten Inzolia, Catarratto und Trebbiano bei den weißen Prestigeweinen Feudo dei Fiori ❷ und Soltera ❷ immer mehr mit Chardonnay und Sauvignon blanc verschnitten werden. Die besten Rotweine Bonera ❸ und Soltera ❷ enthalten neben den autochthonen (alteingesessenen) Sorten Nero d'Avola und Nerello Mascalese vermehrt Sangiovese und Cabernet Sauvignon. Die Reihe einfacher, aber guter und vor allem preiswerter Tafelweine umfasst je einen Bianco, Rosato und Rosso der Marken Settesoli Menfi ❶ und Porto Palo ❶.

Spadafora ★★

Spadafora, Palermo (PA)

Ein sicherer Wert unter Siziliens aufstrebenden Gütern. Das Haus wird mit Sicherheit noch zulegen, da es der junge, talentierte toskanische Önologe Luca d'Attoma unter seine Fittiche genommen hat. Die Weine: Don Pietro bianco ❶–❷, rosso ❷, Vigna virzi rosso ❷, Alcamo bianco ❶.

Terre di Ginestra ★★ – ★★★

Terre di Ginestra, San Cipirello (PA)

»Land des Ginsters« heißt übersetzt dieses Beispiel jungen Unternehmertums in Siziliens Weinbau. Giuseppe und Maurizio Micchichè bewirtschaften 53 ha. Ihr Hauptwein ist der Terre di Ginestra bianco ❶–❷ aus Catarratto, von dem sie pro Jahr etwa 400 000 Flaschen erzeugen. Der Terre di Ginestra rosso ❷–❸ aus der Gegend von Monreale besteht aus 90 % Nero d'Avola und 10 % Sangiovese. Daneben pflegt man einige Edel-Assemblagen aus der Tenuta Casalbaio, die zusätzlich zu den heimischen Traubensorten noch Chardonnay, Sauvignon blanc, Sangiovese und Cabernet Sauvignon enthalten: Rubilio ❸ und Olmobianco ❷–❸.

Torrevecchia ★ – ★★★

Cantine Torrevecchia, Acate (RG)

Ein Großbetrieb mit Sitz in Palermo, der über 800 ha Rebland im Südosten der Insel bei Ragusa verfügt und daraus fast alle Register des sizilianischen Rebbaus zieht. Das Gut geht auf römischen Ursprung zurück. Das Angebot umfasst gute und preiswerte Rot- und Weißweine (alle ❶–❷) aus den Zonen Ragusa, Ätna, Alcamo und Pantelleria. Herauszuheben sind ein feiner Cerasuolo di Vittoria ❷ und ein Moscato di Pantelleria ❸.

Valle dell'Acate ★★ – ★★★

Cantina Valle dell'Acate,
C. da Bidini Acate (RG)

Ein noch junges, 1981 gegründetes, aber schon recht bedeutendes Unternehmen ganz im Südzipfel Siziliens, das im Dirillotal 150 ha unter Reben stehen hat. Man setzt weitgehend auf sizilianische Sorten und keltert diese reinsortig, z. B. einen weißen Inzolia ❶–❷ und einen roten Frappato ❷. Unter der in Italien bekannten Marke Milaro werden je ein ansprechender weißer, roséfarbener und roter Wein ❷–❸ angeboten. Das beste Gewächs ist aber zweifellos der Cerasuolo di Vittorio ❷–❸.

Vecchio Samperi ★★ – ★★★★

Marco de Bartoli, Loc. Fornara Samperi,
Marsala (TP)

Marco de Bartoli ist ein heroischer Rebell. Er kämpfte an vorderster Front für die Rehabilitierung des Marsala – und schuf sich damit nicht nur Freunde. Er versteht es am besten, die archaischen Aromen des antiken Sizilien in die Moderne zu übertragen. Auf seinen 25 ha pflegt er ausschließlich die Sorten Inzolia, Grillo und Catarratto, aus denen er den wundervollen Solera Vecchio Samperi 30 anni ❺ und die Marsalas Vigna la Miccia ❸ und Vecchio Samperi ❸ erzeugt. Zudem hat de Bartoli auf der Insel Pantelleria Lorbeeren eingeheimst. Sein feiner weißer Zibibbo Pietranera ❸ und vor allem sein Moscato passito Bukkuram ❹ sind legendär.

Villagrande ★★

Villagrande, Milo am Ätna (CT)

Dieses wunderschön über dem Golf von Catania gelegene 16-ha-Gut gehört einem Professor des Agrarinstituts der Universität Catania, Carlo Nicolosi Asmundo. Es wird biologischer Weinbau betrieben. Kultiviert werden die typischen Ätna-Rebsorten, die rote Nerello Mascalese und die weiße Carricante. Villagrande erzeugt einen Villagrande rosso ❷ und einen Villagrande bianco ❶–❷.

Die zehn besten Weingüter Siziliens

Diese Vinoteca-Selection berücksichtigt Produzenten, die sich seit längerem an der Spitze behauptet haben.

Benanti	★★ – ★★★★
COS	★★ – ★★★★
Duca di Salaparuta (Corvo)	★ – ★★★★
Florio	★★ – ★★★★
Murana, Salvatore	★★★ – ★★★★
Palari	★★★★
Planeta	★★ – ★★★★
Regaleali (Tasca d'Almerita)	★★ – ★★★★★
Sant'Anastasia	★★★ – ★★★★
Vecchio Samperi (de Bartoli)	★★ – ★★★★

SARDINIEN

Zum besseren Auffinden der Ortschaften auf der Karte sind in Klammern die Provinzen angegeben:
Cagliari (CA), Nuoro (NU), Oristano (OR), Sassari (SS).

Arcone ★★ – ★★★
Arcone, Loc. Montepedrosu, Sassari (SS)
In die einzige Kellerei auf dem Gebiet von Sassari hat der junge Gabriele Palmas viel frischen Wind und Enthusiasmus gebracht. Das Unternehmen ist in vollem Ausbau und der Name Arcone wird in Zukunft noch oft zu hören sein. Hervorragend der rote Arcone ❷ auf der Basis der Sangiovese-Traube, viel versprechend der Weißwein Montepedrosu ❶–❷, vorwiegend aus Vermentino-Trauben.

Argiolas ★★ – ★★★★
Cantina Argiolas, Serdiana (CA)

Überraschend stößt man in einem verschlafenen Provinznest bei Cagliari auf eine der besten Kellereien der Insel: 200 ha eigenes Rebland, eine blitzblanke Edelstahl-Technologie und eine imposante Lagerhalle. Die Gebrüder Franco und Pepetto Argiolas setzen weitgehend und gekonnt auf sardische Traubensorten. Paradewein ist der Turriga ❹ aus Cannonau, Carignano und Malvasia rossa. Gut die weißen Nuragus Sèlegas ❶–❷, Vermentino Costamolino ❶–❷, sehr ansprechend die Roten Costera (Cannonau) ❷ und Perdera (Monica) ❶–❷, interessant der Dessertwein Angialis ❸.

Capichera ★★ – ★★★
Tenuta Capichera, Arzachena (SS)
Diese kleine Kellerei der Gebrüder Ragnedda macht alles ein bisschen anders als die andern. Der Vermentino di Gallura ❷–❸ kommt als ausgezeichnete Spätlese auf den Markt. Zwei andere Weiße, Vermentino Capichera ❷–❸ und Vigna Ngena ❷, stehen ihm nicht viel nach. Bemerkenswert und von Jahr zu Jahr besser: der Rotwein Assajè ❷.

Cherchi ★ – ★★
Azienda agricola Cherchi, Usini (SS)

Bekannt geworden ist der Familienbetrieb von Giovanni Cherchi durch seinen ausnehmend feinen, frischen und unüblich aromatischen weißen Vermentino aus der Lage Tuvaoes ❶–❷. Daneben werden auch zwei echt sardische Rotweine angeboten: Cannonau ❶–❷ und, sehr preiswert, der seltene Cagnulari di Sardegna ❶.

Contini ★★ – ★★★
Atillio Contini, Cabras (OR)
Die 1898 gegründete Kellerei ist eine der letzten, die den sagenhaften Sherry-ähnlichen Aperitifwein Vernaccia di Oristano ❷–❸ in Ehren hält. Bis zu 15 Jahre reift der Wein in Kastanien- oder Eichenholzfässern. Interessant der überaus seltene Weißwein aus der Sorte Vernaccia Karmis ❶–❷ und der ebenso rare Nieddera de Cabras ❷.

Dolinova ★ – ★★★
Cantina sociale di Dolinova, Loc. Sant'Esu, Dolinova (CA)

Diese initiative Genossenschaftskellerei mit einer etwas verzettelten Produktionspolitik keltert neuerdings aus der Sorte Chardonnay den Weißwein Capidiana ❸ und aus Sauvignon blanc den Dolicante ❷. Besser sind die Weine aus einheimischen Sorten, allen voran der kräftige, preiswerte rote Falconaro ❷. Delikat und reintönig der Vermentino ❶, frisch und fruchtig der Rosato Sibiola ❶.

Dorgali ★ – ★★

Cantina sociale di Dorgali, Dorgali (NU)

Diese Genossenschaftskellerei mit einer Basis von 700 ha Reben hat bislang vorwiegend Supermarkt-Weine produziert, beginnt nun aber auch interessantere Weine zu erzeugen. Gut sind die Rotweine Filieri rosso ❶, der beerige Cannonau di Sardegna ❶–❷ und der Rosé Filieri rosato ❶.

Gabbas ★★★

Giuseppe Gabbas, Nuoro (NU)

Giuseppe Gabbas verkörpert die neue Generation des Cannonau, ist sozusagen ihr Wegbereiter. Er versteht es, mit sorgfältiger Pflege seiner wunderschönen Rebberge und versierter Weinbereitung bei langer Maischezeit das Maximum aus dieser edlen sardischen Traube herauszuholen. Seine Weine sind vollmundig, konzentriert und werden mit den Reifejahren immer besser: Cannonau di Sardegna Lillovè ❷, Dule ❷–❸.

Gallura ★★ – ★★★★

Cantina sociale Gallura, Tempio Pausania (SS)

Was doch ein einzelner Mann ausrichten kann! Der Direktor und Önologe Dino Addis hat diese Genossenschaftskellerei zur absoluten Spitze geführt. Vermentino di Gallura Piras und Canayli gehören zu den besten der Insel, ja, zu den besten Weißweinen Italiens überhaupt. Bei den Rotweinen stützt sich Addis überraschenderweise auf die Piemonteser-Sorte Nebbiolo und erzielt ganz ausgezeichnete Resultate damit: Dolmen ❷–❸, Karana, Nebbiolo dei Colli del Limbara ❶–❷. Ein sehr süffiger Rosato Campos ❶ und ein schöner Schaumwein Moscato di Tempio Pausania ❸ komplettieren das Angebot.

Jerzu ★ – ★★

Cantina sociale Jerzu, Jerzu (NU)

Eine solide Genossenschaftskellerei in der Cannonau-Hochburg von Ogliastra, die ihre Möglichkeiten leider noch nicht voll nutzt. Die Weine sind korrekt und preiswert, der Cannonau di Sardegna ❶ süffig und samtig. Interessant als kurioses Überbleibsel einer verschollenen Tradition ist der rote Süßwein Pardu dolce ❷.

Loi ★★

Alessandro Loi & Figli, Cardedu (NU)

Ein Kellereibetrieb in vollem Ausbau. Hochmoderne Anlagen sind bereits installiert. Die Weine sind deutlich besser geworden, allen voran die füllige, gut strukturierte Cannonau Riserva Alberto Loi ❷–❸ und der Sa Mola Rubia ❷.

Mancini ★★

Piero Mancini, Loc. Cala Saccaia, Olbia (SS)

Die Brüder Mancini führen – unter Aufsicht des Vaters – ihr Weingut sehr geschickt und sind aufgeschlossen für alles Neue, was sich im Weinbau tut. Das Resultat sind moderne Weine, wie der ausgezeichnete und noch preiswerte Saccaia ❷, eine gekonnte Assemblage aus Cannonau mit den Bordeaux-Sorten Cabernet Sauvignon und Merlot. Dass sie auch die traditionellen Weine zu keltern verstehen, beweisen sie mit ihrem Cannonau ❷ und dem Vermentino di Gallura Cucaione ❷. Leicht und frisch ist ihr Chardonnay dei Colli del Limbara ❶–❷.

Meloni ★★

Meloni Vini, Selargius (CA)

Am Rande der Hauptstadt Cagliari hat dieser heimliche Riese unter Italiens Weinproduzenten seinen Sitz. Meloni besitzt selbst über 400 ha Reben und füllt jährlich etwa 3 Mio. Flaschen. Sardische Typizität und naturnaher Anbau ist die Philosophie des Unternehmens. Die Weine sind ausgesprochen terroir- und sortentypisch. Die bekanntesten: der weiße Vermentino Astice ❶–❷ und der weiße etwas rustikalere Omarus ❶–❷. Gute, ehrliche Weine sind auch der weiße Nuragus ❶ und die Rotweine aus den Sorten Cannonau ❷ und Monica ❶.

Naitana ★★★

Gianvittorio Naìtana, Magomadas (NU)

Gianvittorio Naìtana ist noch jung und doch schon ein Künstler im Umgang mit der Sorte Malvasia im Planargia-Gebiet. Mit größter Sorgfalt hegt und pflegt er eine ganze Reihe von kleinen Parzellen und keltert die Weine einzeln. Er baut seine Weine süß aus. Sie sind eine wahre Delikatesse mit ihren Aromen von Aprikosen und Pfirsich und ihrer süßsauren Harmonie. Hauptwein: Planargia Murapiscados ❸.

Il Nuraghe ★–★★

Cantina sociale Il Nuraghe, Morgoro (OR)

Bei dieser direkt an der Superstrada 131 gelegenen Genossenschaftskellerei ist vor allem der mit einer kristallinen Schicht belegte Fasskeller einen Halt wert. Die Weine sind korrekt und preiswert ❶, der rote Cannonau di Sardegna fällt positiv auf ❶–❷.

Sant'Antioco ★–★★

Cantina sociale Sant'Antioco, Sant'Antioco (CA)

Diese Genossenschaftskellerei und ein Teil ihrer Rebgärten liegen auf der Insel Sant'Antioco an der Südspitze Sardiniens. Nachdem lange in der Anonymität produziert worden ist, beginnt man nun, interessantere Weine zu erzeugen, die den Möglichkeiten der ausgezeichneten Terroirs und Rebsorten besser gerecht werden: Carignano del Sulcis rosato und rosso ❶, Sardus Pater Rosso ❶–❷, Monica di Sardegna ❶–❷, Vermentino di Sardegna ❶–❷.

Santa Maria di Palma ★–★★

Cantina Sociale Santa Maria di Palma, Alghero (SS)

Es ist nicht leicht, sich am gleichen Ort wie die Spitzenkellerei Sella & Mosca zu behaupten. Diese Genossenschaftskellerei tut es mit Anstand. Die Weine bieten durchweg einen guten Gegenwert fürs Geld: Die weißen Alghero bianco Vigne del Mare ❶, Vermentino Aragosta ❶, der Rosato Punta Rosa ❶, die Rotweine Vigne del Mare ❶–❷ und Cannonau Le Bombarde ❶–❷ haben ein sehr gutes Preis-Wert-Verhältnis.

Santadi ★★–★★★★

Cantina sociale di Santadi, Santadi (CA)

Diese Genossenschaftskellerei hat sich einen Namen gemacht mit ihren Carignano-Weinen aus dem Sulcis-Gebiet an der Südspitze der Insel. Großartig der barriquegereifte Terre di Brune ❸–❹, ausgezeichnet die einfacheren Versionen Baie Rosse ❸, Araja ❸ und Rocca Rubia ❷. Äußerst preiswert sind der süffige Monica di Sardegna Antigua ❶ und der Rosato aus der Carignano-Traube Tre torri ❶. Guter Vermentino ❶ und Nuragus ❶.

Sella & Mosca ★★ – ★★★★

Tenute Sella & Mosca, Loc. I Piani, Alghero (SS)

Zweifellos der Spitzenbetrieb der sardischen Weinwirtschaft mit 500 ha eigenem Rebland und einer Produktion von 5 Mio. Flaschen jährlich. Die DOC Alghero ist praktisch in der Hand dieses Produzenten. 1999 feierte man das 100-jährige Jubiläum. Das Unternehmen, das von zwei weinbegeisterten Piemontesern gegründet wurde, dem Rechtsanwalt Mosca und dem Ingenieur Sella, lässt sich kurz so beschreiben: große Kellerei – große Weine. Das Juwel ist der Rotwein Marchese di Villamarina ➍, der erst nach einer vierjährigen Reifezeit freigegeben wird. Weitere Spitzenweine: Tanca Farrà ➋–➌, Cannonau di Sardegna ➋, der charmante, weiße Sauvignon Le Arenarie. Ausnehmend gut der Rosato Oleandro ➊ und die weißen Vermentino La Cala ➋ und Terre Bianche ➋ aus der lokalen Sorte Torbato.

Soletta ★ – ★★

Tenuta Soletta, Florinas (SS)

Eine kleinere Kellerei auf der Suche nach einer Identität. Man macht alles, aber noch nicht alles gut genug. Bemerkenswert immerhin der Cannonau di Sardegna Firmadu ➋, der Rosato Petalo ➊ und sehr schmackhaft der süße Dessertwein Moscato passito Dolce Valle ➌.

Trexenta ★ – ★★

Cantina sociale della Trexenta, Senorbì (CA)

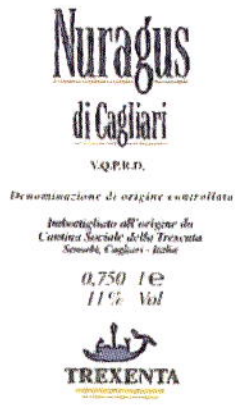

Noch eine Genossenschaftskellerei, die den Anschluss an die Moderne sucht und außer den traditionellen Reben auch internationale Sorten wie Chardonnay, Sauvingnon blanc, Cabernet und Merlot angepflanzt hat. Am besten aber gerät ihr immer noch der einheimische Monica di Sardegna ➊, der Cannonau ➋, der Vermentino ➊ und der Nuragus di Cagliari ➊.

Vermentino ★ – ★★

Cantina sociale del Vermentino, Monti (SS)

Diese Genossenschaftskellerei nutzt geschickt die Vielseitigkeit der Vermentino-Traube in allen ihren Möglichkeiten, vom leichten, fruchtigen Weißen bis zum schweren, aromatischen Süßwein, vom frischen, perlenden Frizzante bis zum schäumenden Spumante. Vermentino di Gallura (diverse Typen) ➊–➌ ist sehr angenehm, auch im Preis, ebenso der Rotwein Abbaìa ➊, interessant der Süßwein Aldiola ➌.

Die sechs besten Weingüter Sardiniens

Diese Vinoteca-Selektion berücksichtigt Produzenten, die sich seit längerem an der Spitze behauptet haben.

Argiolas	★★ – ★★★★
Contini	★★ – ★★★
Gallura	★★ – ★★★★
Gabbas	★★★
Santadi	★★ – ★★★★
Sella & Mosca	★★ – ★★★★

Die Vinoteca-Empfehlungen

Hier sind einige Beispiele von Weinen durch alle Preislagen und Kategorien, die sich durch zuverlässiges Preis-Wert-Verhältnis auszeichnen. Sie werden alle in größeren Mengen erzeugt, sodass die Chancen gut stehen, sie im Handel (Bezugsquellen S. 74) zu finden. Für Verfügbarkeit und Preisangaben kann allerdings keine Garantie übernommen werden. Die Qualität kann je nach Jahrgang leicht schwanken, die Preise können je nach Verkaufsort variieren.

Weinname	🍷	★	❶	🍾	👄
Corvo Bianco, IGT Sicilia, Duca di Salaparuta (S. 58)	helles Strohgelb, frisch, herb,	★–★★	❶–❷	jung trinken, höchstens 3 Jahre lagern	als Aperitif, zu Fisch, oder kalten Imbissen
Vermentino di Gallura Sup. DOC Cantina Sociale Gallura (S. 66)	blassgelb, intensives Bukett, fruchtig, Honigton	★★–★★★	❷	kann jung getrunken werden, bis 2 Jahre lagerbar	als Aperitif, zu Fisch, Pasta (z. B. mit Pesto)
Contessa Entellina DOC, Vigna di Gabri, Donnafugata (S. 59)	milder, duftiger und fruchtiger Weißwein	★★	❷	kann jung getrunken werden, bis 3 Jahre lagerbar	als Aperitif, Umtrunk, zu Vorspeisen, Fischgerichten
Settesoli Menfi DOC Rosato, Settesoli (S. 63)	zartes Rosa, herb, fruchtig und süffig	★★	❶	jung trinken, 1–3 Jahre lagerfähig	milder Käse, Eierspeisen, Spargel, Zucchini
Monica di Sardegna Antigua DOC, Santadi (S. 67)	rubinrot, fruchtig, süffig, aromatisch	★★–★★★	❶–❷	jung trinken, höchstens 3 Jahre lagern	kalter Imbiss, Teigwaren, Eintöpfe
Cannonau di Sardegna Ris. DOC, Sella & Mosca (S. 68)	helles Granatrot, fruchtig und saftig, recht kräftig	★★	❷–❸	ab dem 2. Jahr trinkreif, etwa 6 Jahre lagerfähig	Gegrilltes, Braten, Lammfleisch, Schafskäse
Duca di Castelmonte, Etna Rosso DOC, Pellegrino (S. 61)	dichtes Rubin, vollmundig, harmonisch, saftig	★★★	❷	ab dem 2. Jahr trinkreif, bis 6 Jahre lagerfähig	rotes Fleisch, Teigwaren mit kräftigen Saucen, Geflügel
La Segreta Rosso, Sambuca DOC, Planeta (S. 61)	tief violett-rot, trocken, würzig	★★–★★★	❷–❸	ab dem 3. Jahr genussreif	Gegrilltes, Geflügel, Innereien, Kalb, Schwein
Duca Enrico, Duca di Salaparuta, Corvo (S. 58)	Spitzenwein, tiefrot, aromatisch	★★★★	❹–❺	nach 3–5 Jahren in bester Trinkreife	Gegrilltes, Braten, Wild, würzige Käse
Rosso del Conte, Tasca d'Almerita, Regaleali (S. 62)	tiefes Rubin, würziges Bukett, vollmundig, komplex	★★★★	❷–❸	Lagerwein bis 10 Jahre, trinkreif nach 5 Jahren	zum Hauptgang des Galamenüs, Käse
Marsala Vergine DOC, Terre Arse, Florio (S. 60)	19 % Alkohol, bernsteinfarben, sehr trocken	★★★	❹	trinkreif, aber auch jahrelang lagerbar	würzige Käse, vor allem Blauschimmel, Meditationswein
Moscato passito di Pantelleria DOC, Murana (S. 61)	gold bis bernsteinfarben, natursüß, sehr aromatisch	★★★★–★★★★★	❺	trinkreif, unbeschränkt lagerbar	Desserts, Mandelgebäck, Dörrfrüchte, Cremes

Gut einkaufen

AUF DEN INSELN SELBST

Beim Weinerzeuger

An der Quelle selbst macht der Weinkauf sicher am meisten Spaß. Sie können vor Ort degustieren und diskutieren, in kleineren Weingütern meist mit dem Inhaber oder Kellermeister persönlich. Sie dürfen sich in den Rebbergen und im Keller umsehen und erhalten so einen guten Eindruck des Betriebes.

Auf Sizilien und Sardinien ist der Direktkauf praktisch bei allen Erzeugern möglich. Die Güter sind sogar daran interessiert, denn sie können dabei die Marge der Wiederverkäufer teilweise in die eigene Kasse leiten. Das heißt aber auch, dass die Preise – zumindest bei renommierten Gütern – nicht automatisch viel niedriger sind als auf dem Markt. Allerdings ist zu beachten, dass auf den Inseln die Güter sehr verstreut liegen. Viele liegen abgeschieden und oft ist kein Ansprechpartner vorhanden. Voranmeldung empfiehlt sich deshalb dringend.

Auf Sizilien ist mithilfe der EU (European Council for the Weine Road) ein Weinstraßen-System eingerichtet worden, was bei der Planung von Weinreisen nützlich sein kann. Broschüren sind beim Istituto Vite e Vino in Palermo erhältlich (S. 76).

In der Enoteca

Diese spezialisierten Weinläden sind auf den Inseln noch recht selten. Es gibt sie nur in den größeren Städten. Einige Adressen finden Sie auf Seite 75f. Das Angebot und die Pflege des Sortiments sind allerdings sehr unterschiedlich.

Weintrinken in Restaurants

Die Pflege des Weinausschanks in öffentlichen Lokalen liegt – mit Ausnahme der Spitzen- oder spezialisierten Gastronomie – noch im Argen. Die Flaschen stehen oft monatelang aufrecht ausgestellt in unklimatisierten Räumen. Verlangen Sie in diesem Fall, dass man Ihnen eine Flasche aus dem Keller holt.

Beim Kauf im Weingebiet beachten

Wenn Sie Ihren Wein schon am Anfang des Urlaubs kaufen, fahren Sie ihn möglichst nicht tage- oder gar wochenlang im Auto spazieren, wo er – namentlich im Sommer – starken Temperaturschwankungen ausgesetzt ist. Suchen Sie Ihrer kostbaren Fracht bis zur Heimreise ein kühles Plätzchen.

Beurteilung der Einkaufsquellen

Einkaufsquelle	Auswahl	Preise	Verkostung	Beratung	Service
Weingut, Erzeuger	minimal	normal	ideal möglich	sehr gut	gut
Enoteca im Weingebiet	regional maximal	normal	beschränkt möglich	gut bis sehr gut	gut
Weinfachhandel	optimal auch im oberen Bereich	eher hoch	gut bis sehr gut möglich	gut bis sehr gut	sehr kulant
Weinversender	gut bis sehr gut	eher hoch	nur über Probebestellung	gut	sehr kulant
Verbrauchermarkt	sehr gut im unteren Preisbereich	günstig	kaum möglich, außer bei Aktionen	minimal	minimal
Messen	sehr unterschiedlich je nach Messe	normal	in der Regel gut möglich	normal bis sehr gut	normal

IM WEINFACHHANDEL

Im Weinfachgeschäft

Fast jedes Fachgeschäft hat sein oder seine Spezialgebiete. Sie sollten in unserm Fall Ausschau halten nach einem Sizilien- oder Italien-Spezialisten. Ideal ist natürlich, wenn Sie sich »Ihren« Weinhändler aufbauen und damit einen Fachmann zur Hand haben, dem Sie vertrauen. Als Stammkunde wird er Sie bevorzugt behandeln, er wird sich Zeit zum Fachsimpeln nehmen und Ihnen wertvolle Tipps vermitteln können, besonders wenn er seine Lieferanten persönlich kennt.

Beim Weinversender

Zumindest große Versandhändler haben oft ein interessantes und übersichtlich gestaltetes Angebot. Sizilien und Sardinien nehmen darin allerdings noch keine große Stellung ein. Trotzdem ist es manchmal mittels Schnupperpaketen oder -angeboten möglich, sich zu einem Vorzugspreis einzelne Probierflaschen zustellen zu lassen.

Auf Weinmessen

Für viele Leute sind sie Anlass, zu einigen Gratis-Gläschen zu kommen. Doch aufgepasst: Im Rummel und vor allem in leicht beschwipstem Zustand hat schon mancher Trinker übereilt gekauft. Wenn auf einer Messe aber in Ruhe verkostet und verglichen und mit dem Aussteller ein vernünftiges Wort gewechselt werden kann, so ist diese Einkaufsquelle empfehlenswert.

IM LEBENSMITTELHANDEL

In den Supermärkten hat der Wein einen hohen Stellenwert und manche der Ladenketten haben sehr erfahrene Einkäufer. Durch die Einkaufsmengen können sie besonders im unteren Preisbereich oft günstige Angebote unterbreiten. Im Discount ist dies der Fall bei Aldi, in den Supermärkten Spar, Rewe, Kaiser's, Wal-Mart und Eurospar.

In den Weinregalen der Kaufhäuser Kaufhof, Karstadt, Hertie und Horten entdecken Sie teilweise hervorragende Weine. Im Bereich um die zehn Mark und mit ausgezeichnetem Preis-Wert-Verhältnis sind Edeka, Tengelmann, Familia Nord oder Globus stark. Mehr erfahren Sie im Vinoteca-Band »Einkaufs-Guide Wein«.

FRAGEN AN DEN VERKÄUFER

Über die generellen Punkte der sizilianischen und sardischen Weine, wie Weintypologie, Weinzonen DOC oder Jahrgänge, wissen Sie jetzt dank diesem Band bestens Bescheid. Was Sie erfragen sollten, sind Einzelheiten und Eigenheiten eines Produzenten und seiner Weine.

- Zu den Rebsorten: Welche sind zu welchen Anteilen in diesem Wein enthalten, sofern dies nicht auf dem Etikett vermerkt ist? (S. 18–21)
- Was ist spezifisch für das Terroir des Betriebs, für Kulturform und die Pflanzdichte der Reben? (S. 22–25)
- Zur Ernte: Wurden die Trauben handgelesen oder maschinell geerntet? (S. 25)
- Zur Weinbereitung: Wie lange dauern Maischezeit und Vergärung? (S. 26)
- Zum Ausbau: Wie lange war der Wein im Tank, im Holzfass oder in der Barrique? (S. 26)
- Zum Produzenten: Wie groß ist der Betrieb? Wie alt ist er? Welches ist der Werdegang des Winzers, wer sind seine Berater (Önologen)? (S. 56ff.)
- Zum Jahrgang: Gab es beim Erzeuger Besonderheiten in diesem Jahr? (S. 30f.)
- Zum Wein: Was sind die Charakteristiken und zu welchen Gerichten empfiehlt er sich? (S. 50)
- Zur Lagerfähigkeit: Wann ist die optimale Trinkreife erreicht? Wie viele Jahre kann er maximal gelagert werden? (S. 31)

Klug einkellern: sizilianische und sardische Weine

Auf diesen Seiten vermitteln wir Ihnen einige Anregungen und Ratschläge für den Einkauf sizilianischer und sardischer Weine und den Aufbau eines kleinen Vorrats oder gar einer eigenen Abteilung für diese Weine in Ihrem Weinkeller.
Zuvor ein paar Sätze zur Lagerung: Wein soll bei gleichmäßig kühler Temperatur – ideal: 10 °C – 12 °C, lieber 18 °C konstant als zwischen 2 °C und 32 °C schwankend – gelagert werden; fern von Chemikalien, Auspuffgasen oder Heizkesseln. Die Flaschen werden liegend gelagert, damit der Kork mit dem Wein in Kontakt bleibt und nicht austrocknet.

Zur Einkaufsplanung

Am besten legen Sie sich einen Einkaufs- oder Einlagerungsplan zurecht. Anhand des kleinen Schemas unten können Sie dann Ihren Jahresbedarf an Flaschen und das erforderliche Budget abschätzen.
Kreuzen Sie bei jedem Punkt im Schema an, was für Sie zutrifft, und setzen Sie in der letzten Spalte die über den Spalten genannten Punktzahlen ein:

	3	2	1	Punkte
Stellenwert der Inselweine	hoch	mittel	gering	
eigene Lagermöglichkeiten	ideal	beschränkt	gering	
Weinkonsum pro Woche	mehr als 5 Fl.	bis 5 Flaschen	bis 2 Flaschen	
Punkte insgesamt				

Entsprechend der Punktzahl haben wir einige Vorschläge für Sie ausgearbeitet, die Sie natürlich noch ganz nach Ihren eigenen Vorlieben und Bedürfnissen variieren können.
Vorschläge zu den Weinen finden Sie in unserem Guide zu den schönsten Gütern und den besten Weinen ab S. 56.

8–9 Punkte

Sie sind ein ausgesprochener Insel-Fan und Weinfreak zugleich. Für Sie kommt nur das Beste infrage. Richten Sie in Ihrem Weinkeller eine sizilianisch/sardische Ecke ein und pflegen Sie diesen Vorrat. Rechnen Sie mit etwa 1200 DM/ 600 €. Unser Einkaufsvorschlag:

24 Flaschen einfacher Rotwein ❶–❷	DM 250,–
12 Flaschen einfacher Weißwein ❷	DM 150,–
12 Flaschen Sonntagswein ❷	DM 200,–
12 Flaschen Lagerwein ❹	DM 400,–
3 Flaschen Marsala Vergine ❹	DM 100,–
3 Flaschen Süßwein ❹	DM 120,–
72 Flaschen total	DM 1220,–

5–7 Punkte

Sie haben viel übrig für sizilianische und sardische Weine. Sie sollten einen schönen Querschnitt an Gewächsen in Ihrem Weinkeller haben. Rechnen Sie mit ca. 600 DM/300 €.

12 Flaschen Alltagswein rot ❷	DM 150,–
6 Flaschen Alltagswein weiß ❷	DM 60,–
6 Flaschen Sonntagswein❷	DM 120,–
6 Flaschen Lagerweine ❹	DM 200,–
3 Flaschen Marsala Vergine/ Moscato di Pantelleria ❹	DM 120,–
33 Flaschen total	DM 630,–

unter 5 Punkten

Sizilien und Sardinien sind für Sie zwei Weinregionen unter vielen. Sie werden sich also einige schöne Flaschen bereit halten und wann immer Sie die Sehnsucht nach dem Mittelmeer überkommt, eine davon entkorken. Rechnen Sie mit einer Investition von gut 200 DM/100 €.

6 Flaschen Trinkweine ❷	DM 75,–
3 Flaschen Sonntagsweine ❷	DM 50,–
3 Flaschen Lagerweine ❹	DM 100,–
1 Flasche Marsala Vergine ❹	DM 35,–
13 Flaschen total	DM 260,–

Richtig servieren

Gläser machen Weine, sagt man nicht zu Unrecht. Ein einfacher Tropfen schmeckt besser aus einem schönen Glas und ein kostbares Gewächs kommt in einem Kelch besser zur Geltung.
Gute Weingläser haben Tulpenform. Sie werden nur zu einem Drittel gefüllt, damit sich im verjüngenden Hohlraum oben das Bukett sammeln kann. Je komplexer und hochklassiger ein Wein ist, desto voluminöser sollte das Weinglas sein.

Hier sehen Sie vier gute Beispiele für Inselweine. Links ein schmales Südweinglas. Daneben ein stilvolles Glas für fruchtige, frische Weißweine. Ein zartes Bukett steigt aus einem schlanken Kelch besonders fein in die Nase. Das einfache, aber zweckmäßige Glas daneben ist für einfache Weine des Alltags bestimmt. Rechts ein voluminöses Rotweinglas, das selbst den großartigsten Weinen Siziliens gerecht wird. Ehre, wem Ehre gebührt!

Achten Sie auf die richtige Ausschanktemperatur. Die Tabelle unten gibt Auskunft. Zu kühl ist in jedem Fall besser als zu warm. Bei Zimmertemperatur, die ja meist über 20 °C liegt, erwärmen sich die Weine im Glas rasch und die Trinktemperatur steigt schnell um einige Grade an.

8 – 10 °C	Weißweine
8 – 12 °C	Marsala als Aperitif
10 – 12 °C	Rosé, Rosato
12 – 14 °C	einfache Rotweine
12 – 16 °C	Marsala als Dessertwein
12 – 16 °C	Süßweine
14 – 16 °C	gehaltvolle Rotweine
16 – 18 °C	wuchtige Rotweine

Südweine, wie der Marsala, kommen am besten in kleineren, recht schmalen und hohen Gläsern zur Geltung.

Dieser schlanke Kelch ist ein gutes Weißweinglas.

Ein einfacher Glastyp für Alltagsweine, rot und weiß.

In einem großen Kelch kann ein großer Rotwein sein Bukett am besten entfalten.

BEZUGSQUELLEN

Weinfach- und Weinversandgeschäfte, die Weine aus Sizilien und Sardinien führen
(* überregionale Anbieter oder Versender):
73430 Aalen, Weinmarkt Grieser GmbH
Tel. 0 73 61/65 37, Fax 6 99 05
61118 Bad Vilbel, Jacques' Wein-Depot
Tel. 0 61 01/8 84 54, Fax 8 84 34
12163 Berlin, Paasburg's WeinAusLeidenschaft
Tel. 0 30/8 51 51 84
10961 Berlin, Weinkeller Türk & Hertz OHG
Tel. 0 30/6 93 46 61, Fax 6 91 52 55
14057 Berlin, Weinplus
Tel. 0 30/3 24 99 97, Fax 3 24 01 80
53179 Bonn, Cantina Vino d'Italia Weinhandel OHG
Tel. 02 28/34 71 54, Fax 34 05 83
38100 Braunschweig, La Vigna
Tel. 0 31/12 52 13, Fax 12 52 14
28203 Bremen, Gute Weine Heiner Lobenberg
Tel. 04 21/70 56 66, Fax 70 56 88
77815 Bühl, Weinfriedl
Tel. 0 72 23/88 70, Fax 90 17 47
21614 Buxtehude, La Cantina Italiana GmbH
Tel. 041 61/5 35 33, Fax 5 34 60
63128 Dietzenbach, Weinarkade
Tel./Fax 0 60 74/4 71 24
47057 Duisburg-Neudorf, Stute Wein & Sekt
Tel. 01 77/35 27 38, Fax 02 03/35 27 38
79285 Ebringen, Vincent Becker
Tel. 0 76 64/9 79 80, Fax 97 98 99
89275 Elchingen, Elchinger Weinkeller
Tel. 0 73 08/20 40, Fax 4 23 98
76344 Eggenstein/Leopoldshafen, Vinothek Melter
Tel. 07 21/78 78 80, Fax 70 42 97
74223 Flein, Weinhaus Armbruster
Tel. 071 31/5 28 09, Fax 57 36 85
24937 Flensburg, Roberto Gavin-Weinkontor
Tel. 04 61/2 87 73, Fax 2 87 74
79110 Freiburg, Strecker's Weine
Tel. 07 61/8 10 01, Fax 80 63 41
85748 Garching b. München, Toni Schöpf Weine
Tel. 0 89/3 20 40 01, Fax 3 20 30 31
74072 Heilbronn, Vinothek Heinrich & Konrad
Tel. 0 71 31/98 22 40, Fax 98 22 49
85635 Höhenkirchen, Bonvino
Tel. 0 81 02/7 10 71, Fax 10 24
30916 Isernhagen-Kirchhorst, Arcangelo Tomasello
Tel. 0 51 36/89 36 90, Fax 89 36 91
52428 Jülich, Wein-Direkt
Tel. 0 24 61/34 80 16, Fax 34 80 17
76133 Karlsruhe, Il Vino-Ferro – Weingroßhandel
Tel. 07 21/20 31 44, Fax 2 03 11 46
34119 Kassel, Weinhandlung Schluckspecht GmbH
Tel. 05 61/1 26 28, Fax 10 28 10
50667 Köln, Fegers & Unterberg & Berts FUB*
Tel. 02 21/2 58 15 30 + 2 58 16 31,
Fax 2 58 24 18
51145 Köln, Monika Drews-Weinlädchen
Tel. 0 22 03/3 25 85, Fax 30 75 30
84028 Landshut, Vivaldi – Weine und Spezialitäten
Tel. 08 71/8 00 01 13, Fax 8 00 02 13
35037 Marburg, Weincontor Marburg
Tel. 0 64 21/16 33 44, Fax 16 33 55
81667 München, Grüner Markt Naturkost GmbH
Tel. 0 89/48 61 93, Fax 48 63 68
81673 München, La Cantinetta di Sergio Bolzan
Tel. 0 89/6 88 25 36, Fax 68 82 5 37
81825 München, Munzert – Italienische Vinothek
Tel. 0 89/42 18 27, Fax 42 64 86
48149 Münster, Weinkeller Richter GmbH
Tel. 02 51/27 92 91, Fax 29 47 11
49170 Natrup-Hagen, Weincontor Pappert
Tel. 0 54 05/9 31 10 + 86 60, Fax 86 60
90419 Nürnberg, Wein Gut Schaffner und Stengel
Tel. 09 11/33 99 44, Fax 33 99 47
78315 Radolfzell, Weinhaus Baum
Tel. 0 77 32/5 22 15, Fax 5 65 80
93047 Regensburg, Die Neue Weingalerie
Tel. 09 41/5 99 98 48, Fax 09 41/5 99 96 79
66119 Saarbrücken, La Vinerie
Tel. 06 81/58 59 00, Fax 58 59 00

66740 Saarlouis, La Vinierie
Tel. 0 68 31/12 12 24, Fax 12 12 26
63500 Seligenstadt, Toscana – Der Weinladen
Tel./Fax 0 61 82/2 02 10
67346 Speyer, Weinkontor Schwarz
Tel. 0 62 32/7 75 66, Fax 88 77
70327 Stuttgart, Feinkost Böhm
Tel. 07 11/4 01 01, Fax 4 01 02 02
66280 Sulzbach/Saar, BAUS & PROVOT GmbH*
Tel. 06897/4 66, Fax 53373
54290 Trier, Bernard-Massard, Rotweinkeller*
Tel. 06 51/7 19 61 96, Fax 7 19 63 10
78532 Tuttlingen, Les Bons Vins
Tel./Fax 0 74 61/1 36 40
25980 Westerland, Welt-Wein-Import, M. Schachner
Tel. 0 46 51/2 65 19, Fax 2 15 98
28844 Weyhe, Bremer Weinkolleg*
Tel. 0 42 03/8 13 00, Fax 81 30 99
65191 Wiesbaden, Heri's Weingalerie
Tel. 06 11/1 88 56 96, Fax 1 89 96 33

ADRESSEN IN ITALIEN

Vorwahl Italien 0039

Fremdenverkehrsämter
Provinz Palermo:
Azienda Provinciale Turismo
Piazza Castel Nuovo 35
I-90100 Palermo
Tel. 0 91 58 61 22, Fax 09 35 18 54

Provinz Trapani:
Azienda Provinciale Turismo
Via S. Francesco d'Assisi 25
I-91100 Trapani
Tel. 09 23 54 05 50 11, Fax 09 23 86 95 44

Provinz Marsala:
Ufficio Turistico
Via XI Maggio 100
I-91025 Marsala
Tel. 09 23 71 40 97

Provinz Siracusa:
Azienda Provinciale Turismo
Via S. Sebastiano 43
I-96100 Siracusa
Tel. 09 31 46 14 77, Fax 09 31 67 08 03

Tourist Information Office
Piazza XVI Maggio
I-96017 Noto
Tel. 09 31 83 67 44

Insel Pantelleria:
Associazione Turistica Pro Loco
I-91017 Pantelleria
Tel. 09 23 91 18 38

Provinz Cagliari:
Ufficio Turistico
Piazza Deffenu 9
I-09125 Cagliari
Tel. 0 70 65 48 11, Fax 0 70 66 32 07

Provinz Nuoro:
Ufficio Turistico
Piazza Italia 19
I-08100 Nuoro
Tel. 0 78 43 00 83, Fax 0 78 43 34 32

WEINFACHHANDEL IN SIZILIEN UND SARDINIEN

Sizilien:
Arco Antica Enoteca
C. Calatafimi 771
I-90129 Palermo
Tel. 0 91 59 03 72

Enoteca di Falco Francesca
Via Lamormora Alessandro 54
I-90143 Palermo
Tel. 09 16 37 66 07

Enoteca
Via Olimpiade 23
I-96100 Siracusa
Tel. 09 31 41 13 11

Centro di vino
Via Salemi 73
I-91025 Marsala
Tel. 09 23 72 14 14

Enoteca La Ruota
Lungomare Boeo 96 A
I-91025 Marsala
Tel. 09 23 71 52 41

Enoteca Luminario
Via Lungomare 36 B
I-91025 Marsala
Tel. 0923 71 31 50

Sardinien:
Centro Vini Castello di Frau Rinaldo
Via Benedetta 30
I-09100 Cagliari
Tel. 0 70 40 22 37

Enoteca Caglilaritana
Scalette S. Chiara 21
I-09124 Cagliari
Tel. 07 06 55 60 11

Enoteca del Viale
Viale Armando Diaz 162
I-09126 Cagliari
Tel. 07 03 02 57

Enoteca del Quartiere
Via Is Maglias 96
I-09122 Cagliari

Enoteca di Deiana e Pischedda
Via Latte Peppino 45
I-08100 Nuoro

FÜR WEININFORMATIONEN

Regione Siciliana
Istituto Regionale della Vite e del Vino
Via della Liberta 66
I-90100 Palermo
Tel. 0 91 62 78 11, Fax 0 91 34 78 70

Camera di Commercio Industria Agricoltura
Via Emerico Amari 11
I-90100 Palermo
Tel. 09 16 05 01 11

Consorzio Tutela Vino Cesaruolo di Vittoria
C/o C.C.I.A.A.
Piazza della Liberta
I-97100 Ragusa
Tel. 09 32 67 11 11

Consorzio Vini DOC della Sardegna
Via dell'artigianato11
I-09100 Cagliari
Tel. + Fax 07 24 11 40

Regione Autonoma della Sardegna
Assessorato Agricoltura e Riforma Agropastorale
Via Passagno 4
I-09100 Cagliari
Tel. 07 06 06 62 20, Fax 0 70 60 6 62 76

Camera di Commercio
Via Malta 11
I-09100 Cagliari
Tel. 0 70 60 51 21

Camera di Commercio Industria Agricoltura
Via Malta 65
I-09100 Cagliari
Tel. 0 70 66 01 09

VE.IN.BI. SRL Deposito Vivande
Via del Commercio 23
I-90011 Bagheria
Tel. 91 90 64 84

Die lieferbaren Vinoteca-Titel im Überblick

Siglinde Hiestand/Rudolf Knoll
Einkaufs-Guide Wein
ISBN 3 8068 7433 6

Ulrich Schweizer
Weinwissen
ISBN 3 8068 7434 4

Ursula Geiger Croci
Rotwein-Guide
ISBN 3 8068 7435 2

Rudolf Knoll/Ulrich Schweizer
Weißwein-Guide
ISBN 3 8068 7436 0

Rolf Bichsel
Die Weine aus Bordeaux
ISBN 3 8068 7437 9

Rolf Kriesi
Die Weine aus der Toskana
ISBN 3 8068 7438 7

Jürgen Mathäß
Die Weine der Rioja
ISBN 3 8068 7439 5

Thomas Vaterlaus
Die Weine aus Kalifornien
ISBN 3 8068 7440 9

Rudolf Knoll
Die Weine aus Baden
ISBN 3 8068 7441 7

Rudolf Knoll
Die Weine aus dem Rheingau
ISBN 3 8068 7442 5

Stefan Keller
Prosecco & Co., Die Schaumweine Italiens
ISBN 3 8068 7443 3

Rolf Bichsel
Die Weine des Languedoc-Roussillon
ISBN 3 8068 7444 1

Jürgen Mathäß
Die Weine der Pfalz
ISBN 3 8068 7480 8

Siglinde Hiestand/Otto Schätzel
Die Weine aus Rheinhessen
ISBN 3 8068 7481 6

Bartholomé Sanchez
Cava und die Weine aus Katalonien
ISBN 3 8068 7482 4

Rolf Kriesi
Die Weine des Piemont
ISBN 3 8068 7483 2

Rolf Kriesi
Die Weine aus Sizilien und Sardinien
ISBN 3 8068 7484 0

Thomas Vaterlaus
Die Weine aus Burgund
ISBN 3 8068 7485 9

Rolf Bichsel
Die Weine der Loire
ISBN 3 8068 7486 7

Jürgen Mathäß
Die Weine aus Chile
ISBN 3 8068 7487 5

Rolf Bichsel
Champagner
ISBN 3 8068 7488 3

Ursula Geiger Croci
Sekt
ISBN 3 8068 7489 1

Heinz Hebeisen
Sherry & Port
ISBN 3 8068 7490 5

Eva Zwahlen
Die Weine aus Südtirol und dem Trentino
ISBN 3 8068 7491 3

INDEX

Im FALKEN Verlag sind zahlreiche Titel zum Thema »Wein« erschienen. Sie finden sie überall dort, wo es Bücher gibt.

Sie finden uns im Internet:
www.falken.de und www.vinoteca.falken.de

Dieses Buch wurde auf chlorfrei gebleichtem und säurefreiem Papier gedruckt.

Der Text dieses Buches entspricht den Regeln der neuen deutschen Rechtschreibung.

ISBN 3 8068 7484 0

Umschlaggestaltung: Peter Udo Pinzer
Konzept: Dr. Gerhard Kebbel
Redaktion: Ulrich Schweizer, Dr. Dietrich Voorgang, Marion Rupp
Producing: Hepfinger: De[sign], Freising
Umschlagfoto: Fotostudio Friedemann Rink/Susa Kleeberg, Naurod
Fotos und Illustrationen im Innenteil: Vinum, das internationale Weinmagazin; Hans-Peter Siffert, Fotos der Weinwelt, Zürich; FALKEN Verlag, Niedernhausen
Grafiken und Karten: Ruedi d'Orsini, Freising

Satz: sabINe vogt dtp, Freising
Litho: Brennerstudio, München
Druck: Ernst Uhl, Radolfzell

817 2635 4453 6271